"互联网+"电力营销服务研究

屠 岩 王 欣 赵志刚 著

吉林科学技术出版社

图书在版编目（CIP）数据

"互联网＋"电力营销服务研究 / 屠岩，王欣，赵志
刚著 . -- 长春：吉林科学技术出版社，2020.10
ISBN 978-7-5578-7758-3

Ⅰ . ①互… Ⅱ . ①屠… ②王… ③赵… Ⅲ . ①互联网
络－应用－电力工业－市场营销学 Ⅳ . ① F407.615-39

中国版本图书馆 CIP 数据核字（2020）第 199775 号

"互联网＋"电力营销服务研究

著　　者	屠　岩　王　欣　赵志刚
出 版 人	宛　霞
责任编辑	李思言
封面设计	李　宝
制　　版	宝莲洪图
幅面尺寸	185mm×260mm
开　　本	16
字　　数	220 千字
印　　张	10.25
版　　次	2020 年 10 月第 1 版
印　　次	2020 年 10 月第 1 次印刷
出　　版	吉林科学技术出版社
发　　行	吉林科学技术出版社
地　　址	长春净月高新区福祉大路 5788 号出版大厦 A 座
邮　　编	130118

发行部电话 / 传真　0431—81629529　　　81629530　　　81629531
　　　　　　　　　　81629532　　　81629533　　　81629534

储运部电话　0431—86059116

编辑部电话　0431—81629520

印　　刷	北京宝莲鸿图科技有限公司
书　　号	ISBN 978-7-5578-7758-3
定　　价	75.00 元

前　言

　　电力公司的经营环境发生了深刻变化，原有的电力营销理念、营销模式、营销方法已经不再适宜目前的经营环境和业务。如何对电力公司营销部门员工进行营销技能培训，让其尽快适应新的环境、熟悉新的业务、掌握新的技能，是摆在电力公司人力资源部门面前的一大难题。目前，现有的电力营销教材偏重营销的理论和方法，与实际电力营销一线员工需要掌握的知识和技能不符，因此迫切需要一套有针对性、接地气、强技能的电力营销培训教材，以切实提升电力公司营销部门员工的业务和技能水平，继续保持电力公司在未来市场竞争中的优势。中国电力行业正面临着深刻的宏观环境变化。新时代中国电力行业发展呈现出电力供应宽松化、电力交易市场化、电力生产和消费绿色化的特征。中国电力供应总体上呈现过剩的态势。自 2012 年以来，中国经济结束了高速增长的时代，经济增速放缓至 8% 以下。2014 年，中央政府对国内的经济形势做出了准确判断，认为中国经济发展处于经济增长速度换挡期、结构调整阵痛期、前期刺激政策消化期的三期叠加时期，并提出了中国经济发展新常态的概念。伴随着经济发展进入新常态，中国电力需求增速也随之降低。2012 年全社会用电量增速放缓至 5.9%，6000 千瓦及以上电厂发电设备利用小时出现下降；到 2016 年 6000 千瓦及以上电厂发电设备利用小时仅为 3785 小时；发电企业出现大面积的亏损。

　　本书首先概述了什么是服务，然后详细分析了互联网环境下的网络营销与传统营销的优劣、互联网下的电力营销业务、电力的电商平台研究、以及电力营销服务的业包装服务，最后讨论了互联网环境下电力营销服务的创新与未来，本书希望能为从事电力营销服务改革的管理人员提供些许帮助。

　　由于作者水平和经验的限制，不当之处在所难免，恳切希望广大读者和各位专家予以批评指正，以便今后进一步修改和完善。本书参考了一些同领域专家学者的研究成果，在此衷心地向他们的辛勤劳动表示感谢！

前　言

目录

第一章 什么是服务

第一节 服务的含义

研究服务营销需要首先从服务的概念入手。通过对服务的认识和了解，分析服务的分类与特征，为服务营销打下基础。

一、什么是服务

"服务"在古代意为侍奉。后来，随着时代的发展，"服务"不断被赋予新意。在近代，"服务"已从其身份约束中解脱出来，成为整个社会不可或缺的人际关系基础。经济学意义上的服务同奴婢、仆人的服务以及我们通常所说的"为人民服务"是有区别的，因为这些服务活动并不采取等价交换的形式，在很大程度上是无偿提供的。而经济学意义上的服务则是一种可供销售的活动，是以等价交换的形式满足企业、公共团体或其他社会公众的需要而提供的劳务活动。

经济学领域研究服务概念最早可追溯到亚当·斯密（Adam Smith）时代，而市场营销学界对服务概念的研究大致是从 20 世纪五六十年代开始的。区别于经济学界的研究，市场营销学者以把服务作为一种产品为基础而进行研究。西方市场营销专家从不同的角度为服务作了许多定义，虽然至今还没有哪个定义得到公认，但每一条都或多或少地概括了服务的某些特征。

1960 年，美国市场营销协会（AMA）最先给服务下定义为："用于出售或者是同产品连在一起进行出售的活动、利益或满足感。"这一定义在此后的很多年里一直被人们广泛采用，另外其他学者也从不同的角度提出了自己的定义。

1974 年，斯坦通（Stanton）指出："服务是一种特殊的无形活动。它向顾客或工业用户提供所需的满足感，它与其他产品销售和其他服务并无必然联系。"

1983 年，莱特南（Lehtinen）则认为："服务是与某个中介或机器设备相互作用并为消费者提供满足的一种或一系列活动。"

1990 年，格鲁诺斯（Gremws）为服务下的定义是："服务是以无形的方式，在顾客与服务职员、有形资源、产品或服务系统之间发生的，可以解决顾客问题的一种或一系列行为。"1993 年，艾德里安·佩恩（Adrian Payne）将服务定义为："服务是一种涉及某些无形性因素的活动，它包括与顾客或他们拥有财产的相互活动，它不会造成所有权的更换。条件可能发生变化，服务产出可能或不可能与物质产品紧密相连。"

而当代最著名的市场营销学专家、美国西北大学教授菲利普·科特勒（Philip Kotler）在《营销管理——分析、计划、执行和控制》一书中对服务下的定义是："一项服务是一方能够向另一方提供的任何一项活动或利益，它本质上是无形的，并且不产生对任何东西的所有权问题，它的生产可能与实际产品有关，也可能无关。"

很显然，迄今为止尚未有一个权威性的定义能被为人们所普遍接受。事实上，无论 AMA 的定义还是其他学者的定义都有一定的片面性，过于强调某些方面而忽视另外一些方面。这不仅是因为服务作为一种看不见、摸不着的经济活动难以为人们所感知，从而无法准确地进行研究，而且随着服务在国民经济生活中的地位越来越重要，其范围亦愈来愈宽广，使得研究人员无法从整体上予以概括。但无论如何，上述研究对拓展服务内涵的认识进而推动服务市场营销学的发展无疑做出了重要贡献。它们从不同的侧面提示出服务的一些共同特点，如不可感知、有时和有形商品一起用于交换等，这就为其他学者从基本特征的角度研究服务的内涵奠定了基础。

二、服务的特征

为了将服务同有形商品区分开来，自 20 世纪 70 年代以来，西方市场营销学者从产品特征的角度来探讨服务的本质。对于大多数服务而言，无形性、差异性、不可分离性和不可贮存性是被公认的四个最基本的特征。

（一）服务的无形性

无形是服务最明显的特征，不少市场营销学家认为，无形和有形是服务与实物产品最主要的区别。

服务不是实物产品，客户在购买之前，对服务看不见、摸不着、听不见，如去想理发的人，在接受服务之前，不可能看到理发后的效果，而不论理发师进行多么精彩的描述。虽然有些服务项目包含一些物质产品（如售后服务的零部件），但服务的中心内容是向客户提供有价值的活动，并非转移某种产品的所有权。因此，客户只能从看到的服务人员、设备、资料、价格上，对服务质量做出评价。

一般说来，客户只有充分信任服务的提供者，才会购买其服务。所以，服务提供者可以采取一些方法，以增强客户的信任。首先，可以让客户预先了解服务的效果，如理发师展示有关发型的图片。其次，可以强调服务带来的好处，而不只是描述服务的特点。例如，供电企业准备在客户中推广一项自动化程度高的服务（如银行自动划款），应该向客户宣传接受该服务给客户带来的方便性，而不必宣传该服务的自动化程度如何高。再次，可以为其服务制定品牌名称，以增加客户的信任感，如著名的大学。此外还可以通过开展一些活动，如加强宣传，树立良好的形象。最后，可以利用名人效应为服务创造信任感，例如，国家领导人曾经就餐过的餐馆，给人的感觉自然比较踏实。

（二）服务的差异性

差异性是指服务的构成成分及其质量水平经常变化，很难统一界定。营销学家贝尔说，服务是人与人之间的游戏。人类个性的存在，使得很难采用统一的标准对服务质量进行检验。一方面，由于服务人员因素（如心理状态）的影响，即使同一人提供的服务，在不同的时间、不同的地点，也可能会有不同的水准。另一方面，由于服务质量在很大程度上取决于客户的感觉，同样的服务，不同的人感觉可能大不一样。例如，历史博物馆的解说员为一批游客讲解出土文物，游客中有文物专家，也有对文物一窍不通者，后者可能听得津津有味，前者却可能认为讲解员解说有误而感到不满意。正如著名学者福克斯所言："消费者的知识、经验、诚实和动机，影响着服务业的生产力。"

（三）服务的不可分离性

有形的实物产品从生产、流通到最终消费，往往要经过一系列中间环节，生产与消费的过程具有一定的时间间隔，即生产与消费是以分离的，生产在前，消费在后。而服务则与之不同，它具有不可分离的特征，也就是说，服务的生产与消费是同时进行的，服务人员为客户提供服务的时间，也正是客户消费服务的时刻，二者在时间上不可分离。例如，用电客户打电话到电力客户服务中心咨询用电业务，服务人员在回答客户问题的时候，也正是客户接受服务（消费）的时候，咨询结束，消费就会同时结束。

不仅如此，由于服务本身不是一个具体的物品，而是一系列活动，在服务的过程中，消费者与服务者必须直接发生联系，从而服务的过程也就是消费的过程。服务的这种特性表明，客户只有且必须加入到服务的过程中，才能最终消费到服务。

（四）服务的不可贮存性

服务是一种在特定时间内的需要，不可能贮存起来等待消费。因为服务的生产与消费同时进行，当没有客户时，服务的提供者只有等待客户。服务的不可贮存性并不表示不产生贮存成本，只是服务的贮存成本与有形产品不同而已。后者的贮存成本表现为贮存产品的花费，而前者的贮存成本则主要表现为没有客户时在服务人员、设备方面依然需要花费的代价，即闲置生产力成本。

服务不可以贮存，也容易消失。服务在可以利用时如果不被购买和利用，就会消失。当需求稳定时，服务的易消失性不成问题，企业可以对自己的服务能力做出合理调整，但当需求上下波动时，就会对服务企业产生较大影响，为需求高峰时刻准备的服务能力，在需求低谷时，就不得不闲置。

以上描述了服务的四个基本特征，需要说明的是，第一，这些特征并不能充分概括所有的服务；第二，有些实物产品也具有服务的某个特征。例如，教育、心理咨询的服务是无形的，餐厅的服务却必须同有形的菜肴联系在一起，而某些产品也具有无形的特点，如电力。因此，更为确切地说，服务具有较强的无形性、差异性、不可分离性和不可贮存性的倾向，而实物产品有时也在不同程度上具有这些特征。

对于每项具体的服务来说，服务的基本特征组合是不同的，这将成为差别化以及竞争优势的源泉，公司可以通过调整服务特征组合来获取竞争优势。

三、服务的分类

服务产品纷繁复杂，将其分类是服务营销研究的一个重要问题。因为分类本身将使服务营销管理具有针对性。自 20 世纪 60 年代以来，市场营销学家从不同的角度对服务进行了若干分类。其中具有代表性的分类方法有：

（一）休斯分类法

美国亚利桑那大学教授休斯根据客户与服务体系的接触程度将服务分为三类，即高接触性服务、中接触性服务和低接触性服务。所谓高接触性服务是指客户在接受服务过程中，参与其中全部或大部分的活动，如电影院、娱乐场所、公共交通、餐馆、学校等部门提供的服务；中接触性服务是指客户只是部分地或在局部时间内参与其中的活动，如银行、律师提供的服务；低接触性服务是指在服务提供过程中，客户与服务的提供者接触很少，他们的交往大都是通过仪器设备进行，如电信业、银行通过自动提款机提供的服务。

按照休斯分类法，供电企业窗口部门员工为用电客户提供的服务，如办理用电业务、提供用电咨询等属于高接触性服务，而通过自动设备通知客户缴纳欠费、告知客户停电信息等，则属于低接触性服务。随着科学技术的发展，服务手段的科技含量越来越大，自动化程度越来越高，供电企业提供的低接触性服务呈增加的趋势。

（二）科特勒分类法

美国西北大学教授菲立普·科特勒从四个方面对服务进行分类。一是根据提供服务的工具不同，划分为以设备为基础的服务和以人为基础的服务两种。其中以设备为基础的服务主要是由自动化设备或由技术人员操作的设备所提供的；而以人员为基础的服务可以分为非技术性、技术性和专业性服务等。二是根据客户在服务现场出现的必要性大小划分，有的必须客户亲自到现场才能进行，如体检、美容等。有的服务无须客户亲临现场，如汽车修理等。三是根据客户不同的购买动机划分，服务会因个人需要不同而有所区别，服务提供者一般都要对个人市场和企业市场制定不同的营销方案。四是根据服务组织的目的与所有制形式的不同，分为营利性服务、非营利性服务以及私人服务和公共服务等。

就供电企业提供的服务来说，随着自动化程度的提高，以设备为基础的服务会越来越多。有些服务，以前需要客户亲临现场，现在或以后将不再需要，如收取电费，以前客户要前往电力部门的营业场所缴纳，现在可以通过银行划款和网络缴费；又如用电业的扩、报、装，客户一般要到电力部门办理手续，今后通过电话或因特网即可办理。正因为以设备为基础的服务和无须客户亲临现场的服务越来越多，供电企业的服务效率将会越来越高，但与客户之间的交流就相应减少，因此需要创造条件加强与客户的沟通交流。

（三）洛夫劳克分类法

瑞士洛桑国际管理发展学院教授洛夫劳克将服务分类与管理过程结合起来，认为简单地提出一个分类方案是远远不够的，更为重要的是通过分类能够概括处在不同行业中服务的共同特征，以便为营销管理过程提供决策依据。他从以下五个方面对服务进行划分：

（1）根据服务的本质，即服务活动是有形的还是无形的，服务对象是人还是物，将服务分为四类：作用于人的有形服务，如民航服务、理发；作用于物的有形服务，如航空运输；作用于人的无形服务，如广播、教育；作用于物的无形服务，如保险、咨询。

以上划分有一个缺陷，即把服务分为有形和无形，这有悖于人们公认服务的无形性特点。

（2）根据服务机构同客户之间的关系，即连续的还是间断的，正式的还是非正式的，将服务划分为四类：连续性、会员关系的服务，如保险；连续性、非正式关系的服务，如广播；间断的、会员关系的服务，如保修；间断的、非正式关系的服务，如邮购。

（3）根据在服务过程中服务提供者选择服务方式的自由度大小以及服务本身对客户需求的满足程度进行划分。例如，有些服务过程比较标准化，无论服务提供者还是客户的选择余地都较小，比如公共汽车必须按照固定的路线行驶。而有些服务不但客户选择余地大，服务提供者也有自由发挥的空间，如美容、建筑设计。

（4）根据服务供应与需求的关系，可以分为需求波动较小的服务，如保险、银行服务；需求波动大而供应基本上能跟上的服务，如电力（随季节变化波动大）、电话（随时间变化波动大）；需求波动大并会超出供应能力的服务，如交通运输、饭店。

（5）根据服务推广的方法，可以分为客户在单一地点主动接触服务机构，如商场、用电营业厅（假设某区域内只有一个）提供的服务；服务机构在单一地点主动接触客户，如直销；客户与服务机构在单一地点远距离交易，如电力客户服务中心向客户提供电话咨询；客户在多个地点主动接触服务机构，如供电企业实现同城业务联网后，客户可以在同城任意一个营业厅办理用电业务；客户与服务机构在多个地点远距离交易，如广播、电话等。

除了以上三种分类方法外，其他的分类方法还有很多，这说明服务的内涵是非常丰富的。一个企业提供的服务，往往并非简单地属于哪一类，而是多种多样的，在实际工作中需要细心体会，准确把握。对服务进行分类的目的，就是要了解各种服务的特点及其发展趋势，发现并弥补不足，不断提高服务质量。

第二节　服务的生命周期

一、生命周期

每种服务都有一个生命周期，从设计和新思想的发展开始，然后是引进市场。如果在发展的一个阶段里得到成功，就会迅速增长起来。接着是成熟期，其间销售稳定、利润由增长开始转为下降。最后是销售滑坡的衰落期。

当然，不是所有服务都按照上述周期一成不变。有的引进市场后就迅速消失了，有的则成熟期很长，还有的进入衰落期后还能靠促销或新市场定位重新振兴起来。

（一）生命周期阶段

1. 引进

生命周期始于开始推出上市之时。引进所需要的时间就是使消费者认识服务并消除购买风险的时间。与其他阶段相比，利润和收益率低，甚至没有利润，因为销量小，而企业还要支付促销成本。服务中常用的技术是筛选一些对新服务感兴趣的顾客，直接与他们沟通（靠数据库和直接通信），使他们能做出最初的积极反应，再形成口碑。

为了引进新服务，很少有企业求助于"撇油"政策，即以高价和大力度的促销宣传来推出服务。如果服务是新的，顾客就会感到很高的风险，不肯付出高价来购买一个自己还不了解的对象。如果引进的是顾客已经了解的服务，只是对其做了部分变动，例如铁路上推出国际大站快车时，就可以采用"撇油"政策。服务的基础是顾客所了解的，企业标的细分市场的顾客可以为购买一种品质更高的服务付出更高的价钱。

推出新服务最常用的是中等价格和大力促销的政策。面对一种不了解的服务，顾客感到了各种风险，其中之一就是价格配不上服务带来的好处，如果价格不高，顾客感到的风险也就小了。这种政策特别适用于潜在市场广阔的情况，消费者对价格很敏感，竞争很激烈，生产成本会随着销售规模的扩大而迅速下降。

2. 发展

如果最初的购买者能保持忠诚，新购买者就会随着口碑的影响作用进行购买，于是服务就进入了发展阶段。在这个阶段，受到先锋企业的良好收益的吸引，竞争对手就要进入市场。这个阶段经常采用的战略就是尽可能扩大服务的网点数量，使顾客容易进入服务，具体可以是增加生产/销售地点的数量（如果顾客必须到销售点才能得到服务），或者是其他形式（例如电信）。

成本提高了，而价格不变或者趋于上升，利润靠销量的扩大而得到保证。企业可以给服务增加新的附加成分，或者提高质量，或者开展促销，或者增设新网点来增加销量。

3. 成熟

到了一定时候，销量开始下滑。服务被很多商家模仿，很多生产者都在销售这种服务，因此竞相削价，大打促销之战。此时消费者了解了服务，知道选择报价最合适的，对价格的压力造成企业利润的减少，而企业中的弱者就开始退出市场。

今天的大部分服务企业处于这种状态。它们主要采取三种战略来维持自己在市场上的立足之地：①刺激消费的增长，例如保险公司普及疾病保险业务，或者改变一下原来的定位；②部分改变服务感受，提高服务质量和性能；③改变营销组合中的一个或若干成分。

4. 衰落

销售的下降是缓慢的（例如首映之后的电影放映观众数量会逐渐下跌），或者是快速的（例如第二轮或第三轮放映的电影观众数量下跌很快）。下降的原因很多：如新技术的出现、消费者口味的变化、竞争对手的增长等。

尽管销量下降，服务还是继续在市场上存在。其原因主要有两个：服务主要是家庭企业提供的，典型的是小零售商店，它们可以压缩成本或者放弃利润。第二个原因是需求下跌的服务其成本与其他成功的或者刚推出的服务的成本综合平衡。银行、保险、咨询公司可以继续提供下坡路上的"老服务"，原因就在于此。典型的例子是银行取款。在自动柜员机流行的时代，到银行取款的顾客数量下降了，但是这种服务还是照样提供着。

（二）收益率的周期

与服务的生命周期相伴的还有该服务的收益率周期。在服务引进市场的阶段里，企业承受着不小的亏损，但必须做出大量促销、人员培训和设施方面的投资。如果服务成功了，利润在发展阶段可以迅速上升并在成熟阶段继续保持到竞争对手模仿服务、迫使降低价格维持市场份额为止。在服务的衰落阶段，很快就没有了利润边际，或者是这个边际与投入的成本相比确实小得可怜。

这不意味着企业不能进入一个需求在衰落阶段的细分市场或者行业领域，只意味着需要有制胜的战略和抓住收益率良好的市场避风港。

要区别单一服务的生命周期和一般服务的生命周期，例如单一的电影 ET、星球大战和科幻片、卡通片、西部片的部类。单一的服务可以衰落，但是其部类可以是很长久存在的。

二、开发新服务

（一）新服务的概念

服务领域也受到革新效果的影响。提供服务的旧方式已经没有了市场。过去主宰某个细分市场的机构消失了，或者转向了其他细分市场。成功在于提供满足当今消费者需求和预期的服务，企业的生产过程要适应新环境和市场状况。研究并推出新服务，就是企业最微妙的决策中心，需要回答三个问题：新服务意味着什么？新服务是如何生产的？需要为之做出哪些决定？

（1）"重大革新"（MAJOR INNOVATION）。针对潜在的尚不存在的市场的新服务，例如最早的卫星通信电视转播，CNN，银行电子结算。这种新服务不仅对于服务企业来说是新的，对于市场来说也是新的，应用新技术，做出大量投资，承受较大风险。它注定要产生在大区域内的市场避风港，或者形成核心服务，并围绕它建立一个附加服务系统。

（2）"新业务"（START UPBUSINESS）。这是投放到市场上的新服务，而其生产企业已经在市场上经营，但原来只是针对一般顾客的需求。引进新服务的企业是针对某一新标的顾客来改变过去面向一般顾客的做法。典型例子是"白天住院"（病人只在白天住院治疗，晚间回家休息）。

（3）新服务。快速引进已由其他企业提供给顾客的新服务。除了引进新服务的风险，还有竞争对手已经占有一定市场份额的风险。

（4）扩大一条服务的产品线。在已经存在的产品线上增加一个新品种，例如一个商业学校里开设一个新培训班。银行和保险公司的大部分发展都是已经具备的。针对同样的细分市场增添新产品是一种临界点，使自己的人员和顾客都容易混淆概念。企业一般都设法简化产品线，放弃那些需求不多或者不带来利润的产品。

（5）改善已经上市的服务。这是最常见的革新方式。用新的性能使原有的服务更丰富，更迅速，采用信息技术程序等。其风险仅限于创造更高附加值的投资上。这里针对的是顾客的满意和对品牌的更忠诚。

（6）改变风格。这是革新最少的办法。有些改变风格是顾客可以看得见的。如银行改变提供对账单的方式、快递改变包装袋。

新服务的概念是有争议的。对进一步澄清新服务的概念做出贡献的是瓦伦（WARREN）等人。可以确定有以下三种革新：

（1）持续革新。就是对现有的服务做简单的革新。这对于购买者的态度变化效果不大。一种新牙膏或新款汽车都是可触知产品的例子，国家发行的新债券或旅行社提供的新度假包则是服务领域持续革新的例子。

（2）积极革新。这可以是对现有产品进行比较彻底的变革。这会使顾客的态度发生很大变化，虽然还不是根本的变化。手机电话和可视电话就是这类例子。

（3）间断革新。这是创造一种全新的产品，刺激消费者新的购买欲望。典型例子是个人电脑和新型电视机的问世。

要获得成功，不一定需要剧烈变革，只要对包装或者服务附件做一些变革，也同样会有收效。

（二）开发新服务的必要性

服务的一部分在衰落，或者说变成了"商品"或技术，顾客的预期和竞争格局也在变化，革新成了所有企业生存的关键。如果不经常引进新的服务，企业就无法保持利润和自己的市场份额。服务的革新就是使潜在顾客感受到的东西是新鲜的，不同于从前的。因此，也可以只是简单地变更附加服务的某些部分，或者与对手相比改变一下定位。

很多企业需求发展、扩大市场份额和提高收益率。尽管占有了不错的地位，也还要不断创新，以便不被对手所超越。营销就是不断变化的同义词，新的服务是对各种变化的主要回答。寻求在服务中创新始终是重要的，在今天的竞争环境中已经是最重要的临界点。

成功的企业不能靠偶然的别出心裁。各国政府解除限制的开放政策为很多服务领域提供了很多机遇，而创新的企业就能处于竞争优势。在过去，很多新服务都是立法者或者市场管理当局的管理结果，而今天，在生产过程或者在销售或营销方面都需要革新。

新服务的设计是一种成本比较高并且要求相当长时间的事情；是对顾客的预期和需求，以及对竞争对手的战略进行长期研究的结果。在对一种服务进行变更或推出一个新服务的时候，企业要付出较高成本，为消费者提供信息，培训人员，作自动化和促销，这是有一定风险的。市场上始终有不定因素，很难预料需求的反应和竞争对手的反应如何，因此在新服务产品推出时的风险更大。

企业要通过产品的生命周期来管理新服务：从开发到推出，从成熟到引进符合顾客预期的新服务。由于服务的不可触知性和可变性，很难在顾客心中确立一种新品牌。但是必须要在顾客心中产生不同印象，形成其对品牌的忠诚。

在市场营销中，凡是能给顾客带来某种新的满足、新的利益的产品都可称为新产品。一个企业的兴旺发达只有二条途径：一是开发新产品；二是开拓新市场。同样，服务企业不可能继续依靠"现有服务产品"而成功。开发新服务的主要原因如下：

（1）保持竞争力的需要。为维持现有销售成果以及获得足够资金以适应市场变动的需求，新服务开发是相当必要。

（2）在服务产品组合中弃旧换新，取代已经不合时宜及营业额锐减的服务产品。

（3）利用超额生产能力。例如多余的戏剧院座位或体育中心的未利用健身设施等。新服务产品的引人，可以创造优势利益。

（4）抵消季节性波动。许多服务业公司，如旅游业可能存在各种季节性销售变动。新服务产品的吸引人，有助于平衡销售上的波动。

（5）降低风险。目前的销售形态，可能只是高度依赖于服务产品领域中的极少数几种服务而已，新服务产品的引入，可以平衡目前偏颇的销售形态。

（6）探索新机会。新机会的出现往往是在于一家竞争对手公司从市场撤退，或者在于顾客需要的变化。

（三）开发程序

新服务的开发阶段是有顺序的。开始是确定机构目标和对可支配资源进行评估；然后是新思想的产生以及对它的评估；发展服务概念，实现最终设计，确定营销政策，设立一个不断对成果进行评估的系统，最后是把新服务产品推出上市场。

新服务开发的各阶段顺序是各种研究的对象。营销学著作论文中有大量这方面的论述，波兹、阿伦与哈密顿（BOOZ，ALLEN&HAMILTON）设计了新服务的开发顺序（见表1-1）。

表1-1 新服务的开发顺序

1. 发展一种新的企业经营战略
2. 研究一个开发新服务线的规划
3. 新思想的产生（为刺激新服务的思想产生的程序）
4. 设计一种新的服务（对前阶段的服务感受设计做具体分析策划）
5. 业务分析（评估新服务的可行性和收益率）
6. 发展并评估服务感受（确定对新服务成果评估的标准）
7. 营销实验（上市试销，对营销组合因素加以测试）
8. 商业化推广（正式上市）

对新服务的开发过程的四个阶段值得加以认真考虑：新思想的产生，新服务的设计，新服务的开发与评估，新服务正式推出之前的营销测试。

1. 新思想的产生

这是保持企业与环境变化直接接触的必要的环节。政府机构解除管制和立法方面的变化是最近几十年不断革新的重要源泉。很多服务都重新调整了构成，以便使现有服务适应新立法规定。

服务不能与其生产者分离，往往也有购买者的直接参与。这种生产者与购买者的直接关系造成很多新服务直接在市场上诞生，而不是在企业内部诞生，新服务的思想产生设计是一个很快的过程。一个好思想的产生是没有什么规则的。

革新精神强的机构不断通过对自己的人员和顾客进行调查，收集新思想：对同一类的顾客提出下列问题：现有服务如何加以改善？如何使新服务更好地满足顾客需求？

表1-1的模式不是总有效的。当服务有很大的技术含量且职业性强时，就需要先在内部再在市场上做评估。专门化医院就是一例。新思想源于新技术和新发现，也源于病人的新需求。

新服务的需求源泉之一就是耐用品的使用。很多服务目的是帮助消费者使用耐用品。汽车是最有意义的例子。可以是自己的汽车自己开，也可以创造一种服务。租赁企业替代了汽车的所有权，司机则是提供了驾驶服务。我们还可以乘坐出租车。保险、维修、电子和高速公路都是一些与汽车使用相关的服务。

成功的服务创新就是利用已经存在的事物，将其进行调整，适应标的顾客的预期。

服务领域的革新往往在于改变服务的销售方式。一个例子就是自动柜员机。很多人还是到银行去从账户上取钱，而自动柜员机是一种能很快进人的服务，不受银行开门的时间限制，在各地的分布也更为广泛，以新的方式设计服务来满足潜在消费者的需求，这是革新中比较少见的，却是最有效的方法之一。

用新思想使一种服务焕发生机是很普及的做法，也是最有效的政策之一，但是也有风险：如果不能得到稳定的消费并进而转变成一种时尚，就会很快衰落。

2. 新服务的设计

要使用的第一个技术就是生产流程图，它帮助你理解服务的生产 / 销售过程的性质。最复杂的技术就是详细计划。在一种服务的设计中要特别注意下列问题。

首先并非服务的所有成分都在服务机构的控制之下。典型例子就是航空运输。行李管理是服务的组成部分，对于乘客则是一个很重要的内容。在大部分情况下都不是航空公司自己管理行李搬运，而是机场管理机构直接操作的。需要航空公司介入，使行李能以正确方式在正确时间抵达正确机场。否则，乘客不仅不满意，而且会向其他乘客进行负面宣传。

对人与人之间的沟通（口碑）的管理可以使一些变量在企业控制之下，但是另一些变量却在控制之外。对投诉的管理使得企业可以收集服务弱点方面的信息，对不满的顾客及时给以补偿，使之不再向其他潜在购买者做反面宣传。

很难让顾客感受到企业实际为其所实现的一切。旅馆在这方面有很多经验。旅馆把消毒后的杯子都用纸袋密封起来，向顾客表示自己提供的服务的安全性。旅行社在飞机场和一位航空小姐一起接待旅游团队。机修工用旧马达展示来说明自己已经给车主换上了新的。

3. 新服务的开发与评估

在向市场推出一个新产品之前，必须制造一个样品，并对其进行一系列检验。开发新产品就要在每个阶段都进行实验。服务是难以做样品的，因此最初的开发实验非常重要。

至少有两种原因造成提前实验一种服务比较困难。首先，很多服务要求做出设施和专业技术人力资源的巨大投资。结果，不可能提前准备好所有条件进行实验。其次，很多服务需要顾客的直接参与。如果顾客不知道存在着这种服务，如何评价这种服务是否符合顾客的需求呢？又如何对之加以改善？

在这个阶段里，与顾客直接接触的企业合作者可以做出重大贡献。不仅能开发和评估服务，而且直接参与这个阶段，为下一个阶段推出上市做更好的准备。

困难确实存在，但不应忘记，对服务的开发与评估是一个必要的过程。而开发意味着一系列的逐步改进，评估就在于预测未来的需求和经济成果。

革新战略所展示的各种形式。企业可以始终争做先锋，即领先者。也可以决定让别人先行一步进行革新，自己则做逐步改善者，或者迅速模仿最好的革新成果，做快速跃进者。好的战略取决于服务的性质、竞争格局、企业具备的和准备投放的资源。而这对企业的意义是不同的。

4.新服务正式推出之前的营销测试

当服务到了开发阶段的尾声，经过了实验和评估，就需要制定和验证营销组合计划。营销测试的目的就是为构成营销组合的各个变量做一次诊断（测定）。主要有价格、分销和促销政策。可以有各种形式。可以将服务介绍给抽样消费者，或者服务的销售人员。服务企业始终要做市场测试。所担心的是自己的计划被竞争对手得知，而对手有可能迅速抢先进入市场。

5.事实

一些研究表明，服务机构：①趋于不为新思想的产生的程式化作投资，换言之，在相当于波兹-阿伦理论的第三阶段为新服务的开发和实验上投资有限；②相当于波兹-阿伦理论的第二阶段新服务的战略发展投资有限；③在相当于波兹-阿伦理论的第四阶段的新服务的开发与评估上投资有限；④在相当于第八阶段的上市销售阶段也投资有限。

第三节　客户接受服务

一、服务过程

（一）以顾客人体为对象的服务过程

自古以来，人们就一直在寻求以其自身为对象的服务方式，如衣食住行，医疗康复，或是美容等服务。要得到这样一种服务，顾客本人必须进入服务系统——他们不能远隔一定距离同服务的提供者进行交易。试想一下你自己作为一个服务消费者时，每周你要去提供服务的"工厂"多少次？当然，它不能被叫作"工厂"——服务的供应商不会这么叫。而你认为它是一个酒店、一家餐馆、一个美容院、一辆公共汽车或是一家医院。有时候，服务的提供者愿意带着必要的服务工具到顾客那里，这样的例子有家庭护理或愿意到办公室给工作繁忙的高级经理理发的理发师，但大多数情况下顾客不得不亲自走一趟。

如果你作为一个消费者，想要得到与你身体有关的服务，那么你就必须准备花些时间并积极同服务活动相配合。如为了5分钟的路程乘一辆市内公共汽车，或是躺在医院病床上接受一个很长时间的不愉快的治疗过程。在这两个极端之间，还有像在餐馆点菜和吃饭、洗头、理发或做发型，以及在宾馆房间里住上几天等。服务的结果（经过短到几分钟、长到几个月的时间）可能是使一个顾客或者到达了目的地，或者填饱了肚子，或者正在炫耀新剪的发型，或者是在外面睡了几天好觉，现在其身体机能更加富有活力了。

重要的是，管理者要根据顾客（或其他被处理的物体）所经历的事情来考虑服务的过程和结果，因为这可以帮助他们确定正在产生的是什么利益。对服务过程本身的考虑有助于确认一些非财务成本（如时间、脑力和体力，甚至恐惧和痛苦），这些是顾客在享受服务的过程中所承受的东西。

（二）以物体为对象的服务过程

通常，顾客要求服务组织为某个实物，而不是顾客本人提供服务，这个实物可能是一幢房子或是一排围栏、一辆车、一部电脑、一件衣服或是一条狗。许多这样的工作是半制造性的，要在非常有限的时间内将顾客的物品恢复到良好的使用状态，这种工作可能包括清洗、维护、储存、改进、修理或照看顾客的东西（有生命的无生命的都有），这些工作的目的都是为了延长它们的使用寿命。物体处理的服务还包括交通、仓储、批发和零售分销、安装、搬运和清除——简而言之，就是在所针对的物体的寿命期内发生的完整活动链。

同人体处理的服务相比，顾客本人在这对物体进行处理的服务中参与得比较少，因为通常并不真正需要他们进入服务工厂陪同他们的所有物接受处理。事实上，顾客的参与往往被局限为提出服务要求、解释问题和支付费用。如果这个物体是轻便的，顾客也许还有一个选择，那就是既可以自己把它送到服务工厂，也可以让人从家里提走或从工厂送回（可能要支付一笔额外的费用）。相反，如果被处理的物体难以移动，比如景观、安装好的设备或建筑物的某个部分，那么这个"工厂"就必须搬到顾客那里，同时服务人员就要带着必要的工具和材料到现场完成工作。

实际的服务过程可能是毁掉一座房屋以彻底消灭白蚁，维护办公地点停车场的篱墙，修理一辆汽车，为一台计算机安装软件，清洗一件衣服，给家畜打针。每件事的结果（如果这些工作都做得很好）都应该是一种对所提出的问题有令人满意的解答或是对有问题的商品做出的实质性的改善。

（三）以脑刺激为目的的服务过程

同人的头脑发生相互作用的服务包括教育、新闻和信息、专家建议、心理治疗、娱乐和某些宗教活动。任何触动人们思想的东西都有能力改变人们的态度，影响人们的行为。所以，当顾客处于依附状态或存在控制他们的可能性时，就需要强有力的道德标准和密切的关注。

对于顾客而言，接受这样的服务需要时间投入。然而，接受者本人并不一定要出现在服务工厂里——只要他们的大脑能接收传递给他们的信息就可以了。与人体处理的服务相比，这里有一个非常有趣的相反之处，例如飞行途中乘客可以睡觉，而他们依然能够到达目的地，获得服务的好处；但是如果学生在课堂上或电视台播出教育节目时睡觉，同节目开始时相比，他们最后通常并不会有什么长进。

娱乐、课程教学和宗教服务通常是面对面传递的，会有许多顾客同时出现在一个场所里。在这样的情况下，管理人员发现他们所面临挑战同他们的同事在提供人体处理服务的过程中所遇到的一样。但这些服务也能够通过电信通道传递给远距离的顾客。最后，因为核心内容是以信息为基础的（无论是音乐、声音还是可视图像），这种服务可以很容易转化为数字字节或模拟的数据信号，记录下来传给后代，并制造成产品，如一张袖珍磁盘、一盘录像带或磁带，然后就用同其他任何实体产品几乎一样的方法对它们进行包装和营销。

（四）以信息处理为目的的服务过程

信息处理是当今时代的一个时髦用语，随着计算机技术的发展，信息处理已经发生了革命性的进步。但是，并非所有的信息都是由机器处理的：很多领域的专业人员还在使用他们的头脑。信息是服务产出最无形的形式，但它通常会被转化成物理形式以使记录保持得更持久，如信件、报告、书本、录像带或磁带。高度依赖信息的有效收集和处理的服务包括金融服务、会计、法律、营销研究、管理咨询、医学诊断和其他各种各样的专业服务。

顾客在此类服务中参与的程度往往更多地取决于传统以及顾客同供应者见面的个人意愿，而不是服务生产过程的需要。严格地说，在像银行和保险这样的行业中，个人接触是相当不必要的。在你能够隔开一定距离完成同样的核心服务传递时，为什么要让你的企业去管理一项人体处理服务，从而面对那么多复杂情况呢？作为一个顾客，在没有任何必要的情况下，你为什么要到服务工厂去呢？

习惯和传统常常存在于现有的服务传递系统中，职业人士和他们的客户可能会说他们更喜欢面对面，因为他们感到这样可以更多地了解双方各自的需求、能力和个性。但是，成功的人际关系是建立在信任的基础之上的，即使单纯通过电话联系，也能够建立起信任。

二、服务系统

任何一项服务业都可以被看作是包含服务营运活动的一个系统，在这个系统中首先对输入的数据进行处理，以形成服务产品的各个要素，然后进行服务传递，即对所有的要素进行最后的"总装，并将产品传递给顾客。这个系统的某些部分，顾客是可以看得到的，或者可以说是显而易见的，其他部分有时则被隐藏在所谓的技术核心内部，顾客甚至可能不知道它们的存在。

一些文章的作者在提到服务营运系统的可见和不可见部分时会使用"前部办公室"和"后部办公室"这两个用语，而其他一些人则会借用剧院中的同义词"前台"和"后台"，把服务是一次表演的概念戏剧化。格罗夫（Grove）菲斯克在他们的文章"服务交易的戏剧艺术：一个服务营销的分析框架"中创造了这个戏剧化的同义词。

（一）服务营运系统

同戏剧演出一样，服务营运系统的可见部分可以被分成同演员（或服务人员）相关的部分和同舞台布置（或有形场所和设备）相关的部分。顾客对后台发生的事情并不感兴趣。同任何观众一样，他们根据服务传递过程中实际接触到的那些要素冒和感知到的服务结果对服务做出评价。很自然，如果后台的人并没有把准备工作做好，对顾客的影响是显而易见的。例如，餐馆顾客可能会发现餐馆不能提供菜单上列出的菜，因为有人那天上午忘了去鱼市，或者因为炉子没有调好而把食物烧焦了。

整个服务过程中可见部分的比例取决于服务的特征。高度接触的服务需要顾客本人的直接参与，它们要求顾客进入"工厂"（factory），虽然仍有许多后台工作，顾客是看不见的。与此相反，中度接触的服务要求顾客在服务传递过程中的参与要少很多，因此，同以顾客人体为对象的服务相比，服务营运系统中的可见部分也相应少很多。低度接触的服务把顾客同服务提供者之间的接触减少到最低限度，这样，大部分的服务营运系统都设置于后台，前台的要素通常只限于邮递和电信联系。

（二）服务传递系统

服务传递系统与服务产品传递给顾客的地点、时间和方式有关。这个系统不仅包括服务营运系统的可见部分（有形的支持和人员），而且需要同其他顾客发生接触。

传统上，服务提供者和顾客之前的相互作用是紧密型的，但是出于生产效率和顾客便利两方面的考虑，寻求不需要亲自到场的服务的顾客发现，他们同服务组织之间直接接触的次数正在减少。简要地说，随着传递系统的变革，服务营运系统中的可见部分正在缩小，服务本身也从高度接触型向低度接触型转变。

电子传递通常能够比面对面的接触提供给顾客更大的方便。自助设备，比如自动加油泵或自动取款机，在许多地方都可以找到，并且是一周 7 天、一天 24 小时提供服务。当然，也有一些潜在的不利之处，从人工服务转向自我服务会令顾客感到不满，所以对传递系统实行这种态度可能需要发起一场信息运动来教育顾客，需要对顾客的忧虑采取积极的态度，最初甚至需要给予一些促销激励。

如果使用戏剧中的同义词，就会发现高度接触和低度接触的服务传递之间的差异，就如同剧院舞台上活生生的演出和为无线电广播制作的戏剧之前的差异。那是因为低度接触服务的顾客绝不会看到进行生产的"工厂"，他们至多是通过电话同服务提供者（解决问题的人）交谈几句，看不到建筑物和家具，也没有雇员出现，顾客得不到关于服务组织及其服务质量的任何有形线索，他们往往只能以电话是否容易接通、负责接听电话的顾客服务代表的声音和反应敏捷性为依据做出判断和评价。当服务是通过非人性化的电子渠道传递时，比如自助服务机器、由中央计算机自动接听的电话或是顾客的个人电脑，那么留给组织演出的舞台就很有限了。有时企业会尝试通过某些形式进行补偿，如给它们的机器取名字、播放事先录好的音乐或在电脑的监视器上安装自动彩色图片等，但是顾客可能并不欣赏这样的雕虫小技。英国的全电话银行"一线通"一直试图避免让顾客在电话另一端等待，但是在不得已的情况下，银行的代表将让顾客自己选择，要么是听录好的音乐，要么是静静等待。

并非所有人都欣赏向低度接触服务发展的趋势，这也是一些企业让它们的顾客选择的原因。例如，现在一些零售银行提供许多服务传递选择。思考一下这一系列的选择，对于特定类型的银行交易你目前采用哪几种方式？你希望采用哪几种方式（但现在却无法获得）？

（1）亲自去银行，同银行出纳员进行交易；

（2）使用自动柜员机；

（3）通过电话同银行代表进行交易；

（4）使用电脑通过因特网进行交易。

在每一种情况下，什么因素可以说明你的偏好？它们同你需要进行的交易类型或天气、时间这样的情境因素相关吗？你是否受到自己喜欢（或不喜欢）的银行中人与人接触的那种感觉的影响？或者还有其他的解释？

传统上设计和管理服务传递系统的责任一直落在营运经理的肩上，但是营销经理也需要参与，因为如果希望选择的系统有效运作，那么就必须很好地了解顾客的需要和忧虑。更重要的是，如果我们运营的是一个许多顾客可以相互作用的服务设施（如酒店、飞机或邮局），那么就必须对顾客的行为进行直接管理，以使他们按照同组织策略相协调的方式行动。

（三）服务营销系统

其他要素也会影响顾客对服务组织的整体看法，这些要素包括广告和销售部门的沟通工作、来自服务人员的电话和信件、来自会计部门的账单、同服务人员和设施的偶然接触、大众媒体中的新闻故事和新闻评论、在当前或以前顾客中的口碑，甚至是对营销调研的参与等。

上面提到的所有要素，加上服务传递系统中的那部分构成了我们所指的服务营销系统。从根本上说，这代表了顾客同有关的组织发生接触或了解该组织情况的所有可能的途径。因为服务是经验性的，所以这些要素中的每一个都提供了关于服务产品的性质和质量的线索，不同要素间的不一致，削弱组织在顾客眼中的可信度。然而，对于不同类型的组织，服务营销系统的范围和结构可能会有很大的差异。

尝试采用表1-1中的清单为各种各样的服务（如医院、航空公司、大学、酒店、银行、供电公司、邮局）确定一个服务营销系统的框架。但是请注意，表中列出的顾客同许多组成要素的接触有时是随机的，而不是事先计划好的。例如：当一名潜在的顾客看见一辆属于某个供电公司的抢修服务车载人去饭店吃饭，他会留下什么印象？或者，顾客在邮局购买邮票时，看到附近酒店的一名穿着制服的雇员正对隔壁窗口的邮局服务员粗鲁地大叫大嚷时，又会留下什么样的印象？或者，当顾客到一家环境极其干净、维护得很好的医院看望朋友，发现所有的装饰令人心情愉快而不单调、医院的员工友好且穿着整洁，朋友对他（她）得到的护理甚至是食物赞不绝口，他又会产生什么印象？

尽管管理服务营运系统明显属于生产职能，但是确保生产和顾客满意度两者之间的平衡，就是营销人员的工作。许多生产工作是在幕后完成的，创造和传递一件好的产品是它们同营销之间仅有的关系。但是生产的可见部分，即进行服务传递的地方，则必然要出现在广义的服务营销系统中。简言之，营销和生产作用的范围会发生重叠，因此两方面的经理都必须努力了解对方的观点。

　　与此同时，营销经理应当认识到顾客同服务企业发生的许多接触实际上都是同服务人员之间的接触，这意味着做好人力资源管理工作的重要性，尤其是对一个与顾客高度接触的服务企业而言，更是如此。

表 1-2　服务营销系统中有形的要素和沟通部件

　　1. 服务人员。同顾客的接触可以是面对面的，也可以通过电信方式（电话、传真、电报、电伟、电子邮件）或是邮件和快递服务。这些人员可能包括：

- ·销售代表
- ·顾客服务人员
- ·会计/开单人员
- ·通常并不提供直接服务给顾客的生产人员（如工程师和看门人）
- ·由企业选定的、被顾客认为是直接代表服务企业的中间商

　　2. 服务场地和设备

- ·建筑物的外观、停车场、风景
- ·建筑物内部和家具摆设
- ·车辆
- ·由顾客操作的自助服务设备
- ·其他设备

　　3. 非人员沟通

- ·正式的信件
- ·宣传小册子（目录、指导手册）
- ·广告
- ·标志
- ·大众媒体中的新闻故事（评论报道）

　　4. 其他人员

- ·在服务传递过程中遇到的其他顾客
- ·朋友、熟人甚至陌生人的口头评论

（四）服务经历的流程图

　　顾客常常会希望提供服务的企业全面了解他们同企业之间的关系，但是服务营运和传递系统往往是高度分离的，由一系列分散的活动组成，这些活动又是由无数不同的职员完成的，因此顾客在系统中很容易"迷失"，感到没有人知道他们是谁，也没有人知道他们需要什么。为了使服务企业了解服务过程的性质——尤其是顾客个人经历的性质，有必要把这个过程的每个部分按步骤画出流程图来。

　　任何一种类型的服务企业的管理层在需要更好地了解创造和传递服务的过程中，都可以采用画流程图的方法。这种技术的另一个用语是服务图（在描绘一种当前的状况时）和服务蓝图（在设计一个新的或已修正的程序以及描述它应该如何运作时）。

制作流程图首先要确定特定的顾客在使用特定服务的过程中，同服务企业发生的每一种相互作用。管理者要区分出核心产品和附加服务要素，事实上，流程图就是一种可以清楚地指出哪些是附加要素的有用方法之一。

第二步是把这些相互作用的活动按发生的时间顺序进行排列。服务传递过程就像一条河：一些活动发生在河的上游，另外一些活动则发生在河的下游。在每一个环节中，管理层都要问一下自己：顾客真正需要的是什么（可能顾客想要加速这个环节甚或完全避免这个环节）？这个环节中什么地方可能导致失败？

流程图为管理者提供了一种更好地了解基本服务过程的手段，因而它是对这些过程进行控制的必要的第一步。营销人员发现这种技术对于描绘顾客在了解服务、提出服务要求、使用服务和付款的过程中经历的全套活动特别有用。表1-3 为最大限度地发挥流程图的价值提供了一些制作流程图的建议。管理者必须认识到，除非他们充分了解顾客同某个服务环境的接触和对这个环境的参与，否则他们很难提高服务质量和生产率。加快服务过程和剔除一些浪费时间和精力的不必要的环节常常是提高服务被感知的价值的重要途径。

表 1-3　把顾客经历画成流程图的基本建议

关键步骤

1.明确制作流程图的目的（purpose）：关于何种类型的服务，会涉及什么样的顾客及在何种条件下使用，你希望了解什么（以及为什么）？

2.编写一张构成相关顾客经历的所有活动的清单。开始时，请对这些活动进行汇总(例如，不要把"登机"分解成"把登记牌交给服务员，走下登机桥，进入机舱，找到座位，把随身携带的行李放好，坐下")。

3.根据正常情况下接触发生的先后顺序，把顾客经历的每一步画成框图（如果遇到相当不同的顺序——它们证明存在不同形式的服务或对服务有不同需求的细分市场——可能需要备选的框图）。

4.把为每一个前台活动提供支持的后台活动画成框图（这个工作对于检查服务质量问题和制定针对后台工作人员的内部营销计划特别有价值）。

5.证实你的描述——从顾客那里寻求支持，确保相关服务人员的参与（每个人对过程都有他（她）自己的理解，一个开放的讨论可能有助于达成共识）。

6.用一个简短的论述对流程图进行补充说明，描述各项活动和它们之间的相互关系。确保清楚地界定不同的角色。

一般建议

1.请记住，画流程图没有唯一正确的方法：两种结构完全不同的描述都可能同样好地为你的目的服务。

2.注意顾客和服务人员对过程中某一个时点上发生的有关问题的抱怨，因为这些问题为你在哪些地方应当关注更加细节的问题，在哪些地方要把像"登机"这样的大步骤分解成更具体的几部分提供了很好的线索（"颗粒"这个用语通常用来描述具体的程度，如果所有的问题都得到了回答，那么也就达到了所期望的程度）。

3.如果信息处理是一个重要的问题，那么你可能会希望通过一个平行的流程来揭示收集信息，建立、进入或更新记录（数据库）这些活动发生的时点。

第二章　网络营销与传统营销的比较

网络营销从传统营销来，又与传统营销有着巨大的差别。如何在这巨大的网络市场上开展网络营销、占领市场，对企业来说既是机遇也是挑战。营销也是不可或缺的。它是市场营销的基础，也是网络营销逐步发展的起源。只有善于利用它们，正确选择营销组合方式，才能使企业发展得更快，给企业带来更多的经济效益。

市场营销来自英文"Marketing"一词，是指企业通过向顾客提供能满足顾客需要的产品和服务，促使顾客消费企业提供的产品和服务，进而实现企业目标的经营理念和战略管理活动。在商业社会里，人们总会想方设法把自己的产品在市场上销售出去，以满足顾客的不断需求，并且获取利润，这样就产生了市场营销。营销是企业经营不可或缺的一个重要环节，制定合理的营销策略是企业实现其劳动价值和目的一项十分重要的工作。

营销大师菲利普·科特勒认为：市场营销是致力于通过交换过程满足需要和欲望的人类活动。与传统的单纯追求利润最大化的经营目标相区别，营销观念强调在满足消费者的需求和利益，甚至整个社会的需求和利益的基础上实现企业的利润最大化。对于传统营销这一概念，营销界尚无一个明确统一的定义。菲利普·科特勒在 1983 年提出的传统营销定义是：传统营销是致力于交换过程以满足人类需要的活动。1984 年他又进一步提出传统营销是企业的这样一种职能：识别目前未满足的需要与欲望，估计和确定需求量的大小，选择本企业能最好地为之服务的目标市场，并确定产品计划，以便为目标市场服务。由此可见，所谓传统营销，就是在变化的市场环境中，企业或其他组织以满足消费者需要为中心进行的一系列营销活动，包括市场调研、选择目标市场、产品开发、产品定价、渠道选择、产品促销、产品存储和运输、产品销售和提供服务等一系列与市场有关的企业经营活动。

今天，商业竞争日趋激烈，竞争趋于白热化，随之而来的网络时代已悄然把我们带进了电子商务的世界，形成了一个名副其实的虚拟市场。虚拟网络市场的形成，自然也就产生了网络营销。

网络营销起源于 20 世纪 90 年代末期，欧美的一些企业率先利用全球网络（互联网）为平台展开营销活动。尽管目前对网络营销还难以给出其完善、严格的定义，但是我们可以看出，网络营销突出特点是利用互联网作为手段，从而达到营销的目的。广义地说，凡是以互联网为主要手段进行的，为达到一定的营销目的的营销活动，都可称之为网络营销。网络营销贯穿于企业开展网上经营的整个过程，从信息发布，信息收集，到开展以网上交易为主的电子商务阶段，网络营销一直都是一项重要的内容。从"营销"的角度，可以将网络营销定义为：网络营销是企业整体营销战略的一个组成部分，是为实现企业总体经营目标所进行的，以互联网为基本手段营造网上经营环境的各种活动。这个定义说明网络营销与传统营销的本质是相同的，都是为了了解顾客的需要并满足他们，同时，它也不再是促销这么简单，而是贯彻于整个营销过程的事情：从产品推出前的市场调研，到产品设计制造过程，再到营销传播，再到售后服务，网络营销贯穿营销的整个过程。简单地讲，网络营销就是指通过互联网，利用电子信息手段进行的营销活动。

第一节　网络营销和传统营销

一、网络营销的概念与特点

1. 网络营销的概念

网络营销是借助国际互联网络、计算机通信和数字交互式媒体的功能来实现营销目标的一种方式，是以网络技术为基础的目标营销、直接营销、分散营销、顾客导向营销、双向互动营销、远程或全球营销、虚拟营销、无纸化营销、顾客参与式营销的综合。它贯穿于企业营销活动的全过程，涉及网络调研、网络新产品开发、网络促销、网络分销、网络服务、网络沟通等电子商务活动的各个环节。

2. 网络营销的特点

（1）时域性。营销的最终目的是占有市场份额，由于互联网能够超越时间约束和空间限制进行信息交换，使得营销脱离时空限制进行交易变成可能，企业就有了更多时间和更大的空间进行营销，可每周7天，每天24小时随时随地地提供全球性营销服务。

（2）富媒体。互联网被设计成可以传输多种媒体的信息，如文字、声音、图像等信息，使得为达成交易进行的信息交换能以多种形式存在和交换，可以充分发挥营销人员的创造性和能动性。

（3）交互式。互联网通过展示商品图像，商品信息资料库提供有关的查询，来实现供需互动与双向沟通。还可以进行产品测试与消费者满意调查等活动。互联网为产品联合设计、商品信息发布，以及各项技术服务提供最佳工具。

（4）个性化。互联网上的促销是一对一的、理性的、消费者主导的、非强迫性的、循序渐进式的，且是一种低成本与人性化的促销，避免推销员强势推销的干扰，并通过信息提供与交互式交谈，与消费者建立长期良好的关系。

（5）成长性。互联网使用者数量快速成长并遍及全球，使用者多为年轻、中产阶级、高教育水准群体，由于这部分群体购买力强而且具有很强市场影响力，因此是一项极具开发潜力的市场渠道。

（6）整合性。互联网上的营销可由商品信息至收款、售后服务一气呵成，因此也是一种全程的营销渠道。企业可以借助互联网将不同的传播营销活动进行统一设计规划和协调实施，以统一的传播方式向消费者传达信息，避免不同传播中的不一致性产生消极影响。

（7）超前性。互联网是一种功能最强大的营销工具，它同时兼具渠道、促销、电子交易、互动顾客服务以及市场信息分析与提供的多种功能。它所具备的一对一营销能力，正是符合定制营销的未来趋势。

（8）高效性。计算机可储存大量的信息，代消费者查询，可传送的信息数量与精确度，远超过其他媒体，并能适应市场需求，及时更新产品或调整价格，因此能及时有效了解并满足顾客的需求。

（9）经济性。通过互联网进行信息交换，代替以前的实物交换，一方面可以减少印刷与邮递成本，可以无店面销售，免交租金，节约水电与人工成本，另一方面可以减少由于迂回多次交换带来的损耗。

二、传统营销的概念与特点

1.传统营销的概念

传统营销是一种交易营销，强调将尽可能多的产品和服务提供给尽可能多的顾客。经过长期的发展，已经形成比较扎实的理论和实践基础.，消费者已经习惯这种固定的模式。消费者在消费过程中有很强的交流性，可以看到现实的产品并体验购物的休闲乐趣，同时也取得了大众的信赖。

传统的市场营销策略是由麦卡锡教授提出的 4P 组合，即产品、价格、渠道和促进。这种理论的出发点是企业的利润，而没有将顾客的需求放到与企业的利润同等重要的地位上来。而网络的互动性使得顾客能够真正参与整个营销过程，而且其参与的主动性和选择的主动性都得到加强。这就决定了网络营销首先要求把顾客整合到整个营销过程中来，从他们的需求出发开始整个营销过程。据此，以舒尔兹教授为首的一批营销学者提出了 4C 的市场营销理论，即消费者的需求和欲望、成本、便利和沟通。

在传统营销模式中，制造商生产出成品后往往通过制造商—批发商—零售商—消费者的营销渠道对外销售产品，产品一般需要经历好几个环节才能到达消费者手中，这样冗长的供应链，不仅降低了产品的时效性，而且增加了产品的成本。

2.传统营销的特点

（1）服务思想急待提升，服务体系不完整。服务思想事实上是一种意识，是一种责任，更是一种情感。冷冰冰的产品通常只具有使用价值和交易完成后的价格，而一旦渗入了服务思想就会很快变得生动起来。由于在产品的制造、设计和流通过程中渗透了人们的意识、责任和情感，产品本身和整个营销过程就变得充满了服务精神。然而，在传统的服务概念中，诸多企业对此根本就不强调，甚至于淡化这种服务思想，因而其整个服务就表现得异常单薄，其服务体系的建设也表现得不完整。

这种服务状况的出现对企业的发展事实上是非常不利的，因为服务思想会渗透到立体服务流程的每一个环节中去，会渗透到为顾客提供服务过程中的每一个岗位、每一个执行体中去。而现在我们来看，因为服务思想不到位，整个服务体系的内在核心不到位，就会影响整个服务的功能和服务体系的水准。

（2）服务流程长，服务效果差。在传统营销形态所包含的服务体系中，通常有两方面的情况：一方面是生产型企业本身所提供的各项服务；另一方面是它所倚仗通路经销商的配合提供的各种服务。这两种服务最后转化成为现实，转化成为消费者可以亲身感受到的实实在在的服务，必须有通路经销商的有序配合才能够很好地去完成。但是由于许多中小型企业所倚仗的通路过长，而且在这种过长的通路中，企业所遇到的各种通路经销商的情况有差异，大家各自谋求的利益点，谋求利益回馈的机制均不一样。这就决定了在整个漫长的通路线上，对服务概念的理解不一样，对服务体系建设的重视程度不一样，在服务体系的建设过程中所使用手段、方法均不一样。这样每个流通环节中所表现出来的服务效果也不一样。追根溯源到生产型企业，其最后所表现出来的服务，在综合测评指数上则比较低。

（3）一线服务缺乏力度，整体服务形象不醒目。在传统企业传统营销形态中，由于缺乏服务思想的整体贯彻，且缺乏必要的服务章程，所以通常在其服务系统的人力资源系统中，往往缺乏专业化的一线服务人员。即便是有这样的服务人员，往往也没有把它当作一个重要的岗位，因而没有对处于这样一些岗位上的服务人员和以这些服务岗位相互连缀而成的一线服务体系的系统培训。正是由于这些原因，所以它们表现在具体的服务中缺乏特色、缺乏力度，有时甚至是敷衍了事；这种服务哪里会有光彩夺目的形象呢？所以，真正的问题就在于，传统的服务体系也许作为企业、作为从业人员均付出了很多，投入了一定的时间和精力，但在效果上表现不好，这样一种状况到底原因在哪里呢？原因就在于传统营销本身的经营特点和我们服务体系的系统化建设。

第二节　与传统营销相比网络营销的优、劣势

一、网络营销的优势

（1）网络营销有助于降低企业成本。网络营销有助于企业在多个环节降低成本，这是企业开展网络营销最大的驱动力。在互联网内，企业的供应商成几何级数增长，这不但

提高了比较效率，也大大降低了成本；互联网在媒体中的地位逐渐变得重要，企业通过网络促销能在同等促销效果的基础上更有效的降低广告投放成本；网络直接销售不占用店面，对员工要求较低，企业可以节约店面运维费用，同时，网络直销还降低了营销渠道和维护的费用；互联网强大的即时双向互动沟通能力能够大幅降低企业的通信成本和差旅费用。

（2）网络营销有助于实现全程营销。随着消费个性化的发展，优秀的企业必须充分重视消费者的个性化诉求，并在营销过程中不断满足消费者的这种需求，才能够实现企业的长期发展。在传统营销模式下由于企业与消费者的沟通成本较高且缺乏效率，所以很难实现全程营销。但在信息时代互联网的出现使得企业与消费者的沟通变得更有效率，企业可以使用电邮、博客、论坛、即时通信等沟通方式，与顾客有效沟通，网络营销效率高、成本低的特点决定了其在实现全程营销上的优势明显。

（3）网络营销有利于企业提高服务质量、效率和服务层次。传统营销模式下的沟通方式是"一对多"的沟通，企业对消费者的沟通信息缺乏针对性，而在网络营销模式下通过网络，企业能够轻松做到与消费者"一对一"的沟通，沟通针对性和有效性得到显著提高。这大大促进了服务质量的提高，大幅提升消费者满意度，也提升了消费者的品牌忠诚度。

（4）网络购物有助于提高顾客购物效率，提高企业多渠道竞争能力。随着网络时代的来临以及相关配套行业的完善，越来越多消费者选择网络购物这种便捷的购物方式。网络购物给消费者带来了诸如减少购物时间限制、增加了商家选择范围、减少购物成本等方面的便利，这也给企业在多渠道开展促销方面提供了难得的发展机遇。

（5）网络营销可以扩大中小企业的营销区域。通过互联网，企业可以扩大了销售区域，面对的顾客数量增加，并减少了企业规模对企业的影响力，通过互联网企业可以和世界范围内的潜在合作者沟通，这有利于企业掌握最新的信息，为企业走向国际市场提供了高效快捷的通道。

二、网络营销的劣势

（1）欺骗性。在网络营销活动中，企业与消费者额度联系是建立在虚拟的网络基础上，产品信息的展示主要靠各种文字、图片等刺激消费者的视觉和听觉来激发购买欲望，显然无法与传统营销从视觉、听觉、味觉、触觉等感官激发购买欲望相比，缺乏真实感。互联网是开放性较强而约束性较低的网络，人通过互联网发布信息成本低，限制少，信息量大，传播途径广，各类信息鱼龙混杂，不利于消费者获取真实正确的信息。由于互联网络形成时间短，关于互联网络的法律仍不健全，在网络社会里的责任感普遍低于现实社会，这都会影响网络信息的真实性，造成一定的欺骗，最终使网络营销的效果大打折扣。

（2）局限性。网络营销在消费者、企业、产品及传播方式四个方面都有局限性。首先在消费者数量上具有局限性，虽然随着互联网的普及网民的数量迅速增长，中国网民数量已经超过 5 亿人，但仍有 7 亿消费者没有上网，并且网民中有网络购物经历者仅占互联网用户的 36%。其次，中国许多企业特别是中小企业没有开展网络营销，并且即使企业建立了企业网站，但大部分网站内容更新严重滞后，通过网络获取的企业产品信息并不一定实时有效。再次，产品的局限性，居民区的理发店与 PC 生产商，假设开展同等规模的网络营销，其营销效果有很大差别。最后，传播方式的局限，通过传统方式进行营销推广，能够通过报纸、书刊、电视、广播、路牌、户外广告以及巴士广告等，将推广渗透到消费者生活的每一个方面，而网络传播只能由电脑、手机等数码终端实现，由于年龄、文化等原因使部分人群传播效果并不是很理想。

（3）安全性。网络病毒、黑客、网络钓鱼诈骗等增加了网上交易的不安全性，提高了信息传播的风险，降低了潜在消费者的体验热情，阻碍了网络营销的发展。

（4）物流的滞后。负荷信息时代的物流业刚开始发展，物流配送有很多亟待完善的地方，物流配送的安全性、经济性、时效性以及从业人员的综合素质都有相当大的上升空间，短期内难以满足消费者的要求。

三、传统营销的劣势

（1）降低成本方面。传统营销需要投入很多的资金和人力进行市场调查，而采用网上营销的成本是相当于直接邮寄广告花费的 1%，利用网络发布广告的平均费用仅为传统媒体的 3%，这样从成本和销售方面可以很好地降低企业的成本。

（2）企业销售商机方面。网络可以提供给企业全天候的广告及服务，还可以把广告与订购连为一体，促成购买意愿。此外，通过网络企业与国际接轨，还可以减少市场壁垒，消除不同国家间的公司因时间、地域的障碍而影响销售。传统的营销有着地域的局限性，人们只能上门购物，这样制约了店铺的发展规模，而进行网络营销有着无时间限制的全天候经营，无国界、无区域、界限的经营范围，精简化的营销环节的特点，它就可以超越时空的限制。这样通过网络的独有特点，可以帮助企业更好地促进销售，从而提高企业的市场占有率。

（3）互动性和营销目标方面。网络具有主动性与互动性的特点，并且可以无限延伸。传统的营销企业与消费者之间的沟通较为困难，而在网络环境下，企业可根据公告版、网站论坛、E-mail 的形式，大大加强了企业与顾客之间的联系，企业可以有效地了解顾客的需求信息，从而建立数据库进行管理，利用这些信息，为企业所要进行的营销规划提供依据，这样把消费者与企业间的互动性提高了，帮助企业实现销售目标。

（4）服务于顾客和满足顾客需要方面。营销的本质是排除或减少障碍，引导商品或服务从生产者转移到消费者的过程。网络营销是一种以顾客为主，强调个性化的营销方式，它比起传统市场营销中的任何一个阶段或方式更能体现顾客的"中心"地位。另外，网络营销能满足顾客对购物方便性的需求，提高顾客的购物效率，通过网络，顾客可以在购物前了解到相关信息，购物中可在家"游逛"消去时间，购买后也可与厂家取得联系。此外，网络营销能为企业节省传统营销方式不得不花费的巨额促销和流通费用，从而使商品成本和价格的下降成为可能。

（5）高效性方面。网络具有快捷、方便的特性，网络营销结合网络的这个优势，使商家进行营销活动的效率提高了。把这种高效性充分运用到销售活动的各方面，使许多对企业有用的信息综合运用起来，为企业的发展起到了指导作用。网络的高效性更有利于进行网络营销，使营销的过程更加快捷和及时适应市场的发展要求。

第三节　网络营销与传统营销的合并优化

一、网络营销与传统营销整合的必要性

1. 网络营销对传统营销的冲击

网络营销带动企业内部局域网的蓬勃发展，使得企业的内外部沟通均需要依赖网络作为主要的渠道和信息源，企业内部网的兴起改变了企业内部的作业方式及员工学习成长的方式，个人工作的独立性和专业性将得到进一步的提升。网络营销带来的影响包括业务人员与直销人员的减少，经营组织扁平化，经营部门和分店数量的减少，渠道缩短，虚拟经销商和虚拟门市的盛行。这些影响、变化都将促使企业对组织机构进行再造。

2. 网络营销对营销组合的冲击

网络营销的兴起对产品、价格、渠道、促销各方面都有较大的影响。产品要求更加个性化，价格更低，渠道将会成为互动和超时空，促销手段更加丰富多彩。同时传统的市场营销策略是的 4P 组合，即产品（Product）、价格（Price）、渠道（Place）和促进（Promotion）。这种理论的出发点是企业的利润，而没有将顾客的需求放到与企业的利润同等重要的地位上来。而网络的互动性使得顾客能够真正参与整个营销过程，而且其参与的主动性和选择的主动性都得到加强。这就决定了网络营销首先要求把顾客整合到整个营销过程中，从他们的需求出发开始整个营销过程，追求 4C。即消费者的需求和欲望（wants and needs）、成本（Cost）、便利（Convenience）和沟通（Communication）。

二、传统营销的不可替代性及与网络营销的互补

1. 传统营销的不可替代性

网络营销一方面对传统营销产生巨大的冲击，但是这并不说明网络营销将会完全取代传统营销，在产生冲击的同时，网络营销和传统营销有一个整合的过程，网络营销与传统营销将互相融合。

传统营销是网络营销的基础，网络营销是传统营销在网络世界的发展和延伸。当网络经济时代到来之后，传统营销理论的一些组成部分确实不在适应网络经济时代的发展，如市场调研、管理、渠道构建等，但是这些策略并非不能再用。至少目前或将来很长的一段时间，网络的出现只不过是为企业的营销增加了一种手段而已。虽然网络营销的程序手段和灵活性都有了很大的变化，但是营销实质不会改变，网络营销无法脱离传统营销的理论基础。

从消费者角度来说，不可能人们会在任何时候都从网上购物，逛商店，逛超市等给人带来的另外一种心理效应网络是满足不了的。

网络依然存在着安全的脆弱性。由于网络的虚拟性，网上支付，网上信用等困惑都造成了人们不会完全改变传统的营销方式。

2. 网络营销与传统营销的互补

市场覆盖面的互补。由于经济技术发展的差异和消费需求个性化的要求，互联网作为新兴的虚拟市场，能够弥补传统营销中受时间和空间的局限的缺点。

购买方式的互补。互联网作为一种有效沟通方式和交易渠道，有着自己的特点和优势，可以方便企业与用户之间的直接双向沟通和轻松购物。但消费者有着自己的个人偏好、习惯和不同的生活方式，网络营销与传统营销的结合可以从不同方面迎合消费者的喜好。

渠道。传统营销的物流渠道可以作为网络营销的物流节点和物流渠道，网络营销最终还会以交易的方式完成，物流必须以真实世界的渠道来实现，在这方面二者是可以互补。

因此，网络营销与传统营销是不能分开的，是互补和互相促进的。

三、传统营销与网络营销的整合内容

1. 意识观念的整合

在意识观念上企业不能把网络营销和传统营销完全的独立开来，二者是互补的，也是相融的，都是以满足顾客的需求为目标，实质没有变。

从理论基础来说，网络营销是传统营销在网络时代的延伸，4Ps 仍然可以作为其理论基础，只不过是网络营销一定程度上更加追求 4Cs，而 4Ps 和 4Cs 本来又是不可分的，是递进的关系。只有在意识观念上达到统一，才能真正意义上实现网络营销与传统营销的整合。

2. 网络营销中顾客概念的整合

传统的市场营销学中的顾客是指与产品购买和消费直接有关的个人或组织（如产业购买者、中间商、政府机构等）。在网络营销中这种顾客仍然是企业最重要的顾客。但是，网络社会的最大特点就是信息"爆炸"。在因特网上，面对全球数以百万个站点，每一个网上消费者只能根据自己的兴趣浏览其中的少数站点。而应用搜索引擎可以大大节省消费者的时间和精力。面对这种趋势，从事网络营销的企业必须改变原有的顾客概念，应该将搜索引擎当作企业的特殊顾客，因为搜索引擎不是网上直接消费者，却是网上信息最直接的受众，它的选择结果直接决定了网上顾客接受的范围。

3. 网络营销中产品概念的整合

市场营销学中将产品解释为能够满足某种需求的东西，并认为完整的产品是由核心产品，形式产品和附加产品构成，即整体的产品概念。

网络营销一方面继承了上述整体产品的概念；另一方面比以前任何时候更加注重和依赖于信息对消费者行为的引导，因而将产品的定义扩大了，即产品是提供到市场上引起注意、需要和消费的东西，网络营销主张以更加细腻的、更加周全的方式为顾客提供更完美的服务。因此，网络营销在扩大产品定义的同时，还进一步细化了整体产品的构成。

它用五个层次来描述整体产品的构成：核心产品、一般产品、期望产品、扩大产品和潜在产品。在这里，核心产品与原来的意义相同。扩大产品与原来的附加产品相同，但还包括区别于其他竞争产品的附加利益和服务。一般产品和期望产品是由原来的形式产品细化而来。

4. 网络营销中营销组合概念的整合

网络营销过程中营销组合概念因产品性质不同而不同。对于知识产品而言，企业直接在网上完成其经营销售过程。在这种情况下，市场营销组合发生了很大的变化（与传统媒体的市场营销相比）。

第一，传统营销组合的 4P 中的三个——产品、渠道、促销，由于摆脱了对传统物质载体的依赖。已经完全电子化和非物质化了。因此，就知识产品而言，网络营销中的产品渠道和促销本身纯粹就是电子化的信息。它们之间的分界线已变得相当模糊了，以至于三者不可分。若不与作为渠道和促销的电子化信息发生交互作用，就无法访问或得到产品。

第二，价格不再以生产成本为基础，是以顾客意识到的产品价值来计算。

第三，顾客对产品的选择和对价值的估计很大程度上受网上促销的影响因而网上促销的作用备受重视。

第四，由于网上顾客普遍具有高知识高素质、高收入等特点。因此，网上促销的知识、信息含量比传统促销大大提高。对于有形产品和某些服务，虽然不能以电子化方式传递，但企业在营销时可利用 Internet 完成信息流和商流。在这种情况下，传统的营销组合没有发生变化价格则由生产成本和顾客的感受价值共同决定（其中包括对竞争对手的比较）。促销及渠道中的信息流和商流则是由可控制的网上信息代替，渠道中的物流则可实现速度、流程和成本最优化。在网络营销中 . 市场营销组合本质上是无形的，是知识和信息的特定组合，是人力资源和信息技术综合的结果。

四、网络营销与传统营销的整合策略

整合营销是利用整合营销的策略，来实现以消费者为中心的传播同一性和双向沟通，采用目标营销的方法来开展企业的营销活动。如何整合网络营销与传统营销，使得比竞争对手更有效地唤起顾客对产品的注意和需要，成为企业开展网络营销能否成功的关键所在。

1. 在企业宣传方面将传统媒体与网络媒体结合起来

（1）在传统沟通媒体上提供有关网站情况。把互联网信息强制性地印到所有说明书、商品目录和各种广告、产品包装上；企业每项沟通媒体的内容必须包括公司地址、主页地址、自动回复电子邮件地址。

（2）在顾客支持媒体上提供企业网站建设情况。将互联网战略和传统战略集成起来，会大大提高互联网的访问量，这有助于降低支持成本，同时提高支持水平。

（3）在网站提供有形证明，建立用户信任感。企业要用一些技巧来建立公司的信誉并提高网站的销售量。

（4）在网站提供传统媒体宣传材料。传统媒体的宣传有助于企业扩大知名度，网站应随时跟踪传统媒体对企业的正面宣传，并及时地反映在网站中。

2. 与传统市场调研相结合，在网上进行市场

调研市场信息，从中发现消费者需求动向，从而为企业细分市场提供依据，是企业开展市场营销的重要内容。一般企业开展网上市场调研活动有两种方式：

（1）借助 ISP 或专业网络市场研究公司的网站进行调研。这对于那些市场名气不大，网站不太引人注意的企业是一种有效的选择。企业特定调研内容及调研方式放入选定的网站，就可以实时在委托商的网站获取调研数据及进展信息，而不只是获得最终调研报告。这与传统委托调研方式截然不同。

（2）企业在自己的网站进行市场调研。就知名企业而言，其网站的常客多是一些对该企业有兴趣或与企业有一定关系的上网者，他们对企业有一定了解，这将有利于为访问者提供更准确有效的信息，也为调研过程的及时双向交流提供了便利。

3. 传统营销渠道与网络分销渠道相结合

电子商务尽管在迅猛发展，但对于传统营销而言，其份额仍然是很小的。企业传统的分销渠道中的双向沟通功能的确为加强企业与其分销商的联系提供了有力的平台。企业通过互联网络构筑虚拟专用网络将分销渠道的内部融入其中，可以及时了解分销过程的商品流程和最终销售状况，这将为企业及时调整产品结构、补充脱销商品、分析市场特征、实时调整市场策略等提供帮助。从而为企业降低库存、采用实时生产方式创造条件。而对于传统分销渠道而言，网络分销也开辟了及时获取畅销商品信息处理滞销商品的巨大空间，从而加速销售周转。

4. 利用网上营销集成对传统营销关系进行整合

互联网络是一种新的市场环境，这一环境将在企业组织、运作及管理观念上产生重大影响。一些企业已经迅速融入这一环境，依靠网络与原料商、制造商、消费者建立密切联系，并通过网络收集传递信息，从而根据消费需求，充分利用网络伙伴的生产能力，实现产品设计、制造及销售服务的全过程。这种模式为网上营销集成。网上营销集成是对互联网络的综合应用，是互联网络对传统商业关系的整合。它使企业真正确立了市场营销的核心地位。企业的使命不是制造产品而是根据消费者的需求，组合现有的外部资源，高效地输出一种满足这种需求的品牌产品，并提供服务保障。在这种模式下，各种类型的企业通过网络紧密联系，相互融合，并充分发挥各自优势，形成共同进行市场竞争的伙伴关系。网络营销的产生和发展，使营销本身及环境发生了根本的变革，为企业营造了崭新的营销环境。它使企业营销方便地实现全球化，使经营手段趋向虚拟化。网络营销的整合还彻底重组了企业的营销理念，创新了传统营销的组合策略和手段。利用互联网络这种新式交换媒介进行交互营销，已经展示了其突破传统，彻底改变传统营销模式的潜力。网络营销以其自身的特征和优越性对传统营销产生巨大的影响和冲击，但是传统营销也有其自身的优点和不可替代性，在新的经济时代中，二者将缺一不可。

第三章 "互联网+"电力营销业务

电力营销是指在不断发展变化的电力市场中，将电力客户需求放在首位，通过供用电关系，使电力用户能够使用安全、可靠、合格、经济的电力商品，并得到周到、满意的服务。通过对电力营销的理念与问题分析，让用户更好地理解此类营销的优缺点。多年来，供电企业供不应求的"卖方市场"，使电力企业员工形成了不重视用户需求的作风，对用电市场，用户需求，用电潜力没有深入的分析探究；服务意识不够，没有完整的售前、售后服务体系，无法满足用户的电力需求。这制约着电力销售，影响电力市场的正常发育，形成了一个"卖不掉""买不到"和"买不起"并存且充满结构性矛盾的电力销售市场。过去的电力企业存在着以生产为导向的电力营销观念。如今，在市场经济导向下，供电企业需要改变过去的供电管理模式，建立一个以需求为导向并且满足市场需求、适应市场竞争，充满市场活力的市场营销体系和机制。在市场经济导向下，供电企业需要改变过去旧的供电管理模式，建立一个适应市场需求的市场营销体系和机制。电力营销必须在市场的引导下实行管理，而且随着电力体制改革的深入，供电公司的核心业务就是电力营销。电力营销是电力公司一切生产生活的核心。如今，电力市场的营销目的主要是以客户为主，进一步提高供用电效率，营造一个让客户满意的用电环境。

电力营销基本业务有业务扩充、变更用电业务、营业电费、价、能、电计量管理、合同、用电稽查等。其中，业务扩充包括报装接电，即为新装和增容客户办理各种必需的登记手续和一些业务手续。电力营销工作质量的好坏直接影响到电力企业的生存和发展，决定电力企业的市场竞争力。现如今，营销信息系统已经广泛应用于电网企业，而且成为电网企业建设的重点。

网络营销是现代社会在互联网技术、现代通信技术和数字化媒体交互技术发展的基础上实现的现代营销方式，它与人类的生活紧密相连。社会的发展都离不开互联网下的营销模式。网络营销将会是市场营销以后的发展趋势，它主要着力于实现电力系统的软硬件并肩发展，让电力营销在市场中占有一席之地。

第一节 电力市场概述

一、电力市场的概念

电力市场是由电力和市场两方面组成的复合型概念。电力市场属于商品市场，是把电力能源这种特殊的物质形态作为商品的市场，可分为广义的电力市场和狭义的电力市场。广义的电力市场是电力行业的整个市场经济环境，目的在于发展市场经济体制下的电力事业，代表着整个电力行业体系。狭义的电力市场是电力行业某个交易环境，是电力商品之间进行交换的一套市场体制，存在不同的模式。

电力市场是通过经济、法律等方法，遵循公平竞争、自愿互利的原则，对电力系统中发电、输电、配电、用户等方面协调运行的管理体制和执行系统的总和。同时，电力市场是一种采用经济手段管理的机制，并且电力市场也是体现这种管理体制的执行系统，包含贸易场所、计量系统、计算机系统和通信系统等。

电力市场由市场主体、市场客体、市场载体、市场电价、市场规则和市场监督构成。市场主体是指商品生产者、消费者和市场经营的管理者组成的整体；市场客体包括电力、辅助服务和期权，并且电力的生产、输送和消费必须同时完成；电力市场以"电网"为载体，具有唯一性，但因为电网的垄断属性，通常由国家或其委托的公司进行统一管理；电价在电力市场中充当核心和杠杆，能够体现供求变化，同时也是管理者思想的体现；市场监督依赖市场规则，监督需要做到有法可依，良好的市场监督能完善市场规则；市场规则和市场监督相辅相成，促进市场行为和运行过程优化。

二、电力市场的特征

（一）技术特征

1. 电力设备使用单一性

电力设备在使用方面具有绝对专一性的特征，如果电力需求下降，会造成设备严重闲置的后果。

2. 资金的高度密集性

发电企业的建设投入资金存在很大差别，但是如果发生投资失误，就会造成巨大损失。

3. 技术的高级密集性

电力系统是由相连接的电厂、电网和用户所组成的大型系统，电力生产和消费必须保持实时平衡。如果三方不能协调，将会引起频率波动，造成设备破坏乃至整个系统的崩溃，所以，电力系统具有实时平衡和整体互动的物理特性。

4.公共服务的安全性

由于电能不可以进行大规模地存储，而且电力需求具有一定的随机性，所以，电力供应必须具有高度的安全可靠性。

（二）经济特征

1.电力对经济发展的寄生性

电力的发展依赖国民经济的发展，电力的发展需要国民经济的带动。

2.电力发展的超前性

各行各业的发展都需要电力，所以经济的发展需要电力的发展，电力的发展需要保持一定的超前性。

三、电力市场的原则

电力市场有四个基本原则，即为公平性、公开性、扩大参与者自由选择的权利、法规的保障性。

（一）电力市场的公平性

公平性是电力市场最基本的原则。在充满竞争的市场中，参与者是相互平等的，平等的环境能够促进竞争，鼓励发电厂提高生产效率，降低成本，提高活力，发挥市场的调节和激励机制，形成持续发展的内动力，从而构建良性循环，进一步促进资源优化和环境保护。

（二）电力市场的公开性

在电力市场中，为贯彻落实公平性这一基本原则，必须保证电力市场的公开性。电价是人们最关心的问题。公开发电厂的上网电价和用户的用电价，发电厂可以根据上网电价随时了解自身的运行状况和经济状况，用户可以根据用电价调整用电，从而通过电价这一杠杆，将供用电双方紧密联系起来。

（三）电力市场应扩大参与者自由选择的权利

仅从市场的角度来看，市场需要参与者自由选择的权利，即供方和用户之间可以相互选择，但由于电力供应的特殊性，电力市场一般难以满足参与者自由选择的要求。放开发电市场是当前的一种世界趋势。发电厂有权选择贸易方，但是对输电市场和用户则较少放开。

为了保证电力市场的平稳运行，参与者自由选择的权力能够扩大，避免网络拥有者垄断电力，电力市场必须保 if 向使用者开放输、配电系统。

（四）电力市场的运行应有法律法规的保障

电力商品具有一定的特殊性，电力市场在进行供求匹配贸易的同时还要保证电网的安全和稳定运行，这就要求电力市场的运行必须有法律法规为依托。此外，有关电价和赔偿的问题也应做到有法可依。

第二节　国内外电力市场运作模式

一、国外电力市场运作模式

在现代经济快速增长的模式下，电力行业也在与时俱进不断发展。国外对电力领域的研究要早于国内，电力发展较为先进。在电力发展过程中，许多国家都相继进行了电力体制的改革。

（一）垄断模式

电力市场改革前，垄断模式被世界大多数国家普遍采用。这种模式是集发电、输电、配电和零售为一体，国家的全部或绝大部分电力供应都由国家垄断经营，统一用合同规范，最终形成垂直的一体化结构。它的消费者是广大的电力用户。这种模式在短时期内对电力市场的统一运营起着重要的作用。然而，随着运营时间的延长，供应范围的扩大，电力行业只关注供电而忽略了用户利益，电力供需矛盾日益凸显，最终运营效益日趋降低，各种弊端便充分暴露了出来。

（二）电力库模式

1989年以前，英国电力市场处于垄断运营阶段，长此以往，规模效益越来越低，已无法补偿因低效带来的损失。同时，规模效益的下降和非增性质，已经影响到了输电定价的经济学理论基础。尔后便进行了第一次改革：重组行业结构，形成私有化格局，建立了强制型电力库（Pool）模式。电力库以国家电网公司（NGC）为依托，打破了之前的垄断模式，更具竞争性。电力库也是当时电力市场的交易核心，所有的交易都通过Pool实现：Pool以电力库购买价格PPP购电，以电力库销售价格PSP售电。改革后用户的电价较之前相比下降了6%—11%，服务质量和供电的可靠性得到了极大的提高。

然而，改革后的模式依旧存在着弊端。在当时英国的电力市场中，只存在NGC一个机构，它同时具有ISO、PX和GC功能，这就直接导致了NGC的职能过于集中，交易机制复杂，而且发电竞争者较少，发电公司可以操纵整个电力市场。由于Pool中的电能价格波动不定，而且交易双方需通过鉴定金融差价合同CFD或EFA共同承担价格风险，利润空间受到限制，导致投资逐渐向海外转移。在这种状况下，英国迎来了第二阶段的电力市场改革。

（三）NETA 模式

2000 年，英国对电力市场的框架和行业结构进行了调整，建立了新的电力交易模式——NETA 模式。同年 12 月，NETA 模式开始正式运行。较之前的模式相比，这种模式的批发电价低，即时和长期供电可靠性得到了保障，而且价格向用户公开，让用户真正体验价格制定的过程。更重要的是，新模式以双边交易为主，发电厂不再受 NGC 中央调度，由此看来，电力市场的竞争比上一阶段更加公平公正。

NETA 模式的市场按照时间来分又可以分为长期市场、中期市场、短期市场和实时市场。长期市场是提前一年以上的交易，交易量很大；中期市场是一年以内至提前一天的交易，交易量较大；短期市场是提前一天至市场关闭的交易，参与者很多，但交易量不大；实时市场又称平衡市场，交易时间很短且交易量有限。在这种模式下，交易方式多样化使得市场参与者可以根据自己的需要，选择一种适合自己且便利的方式进行交易。

由于第二阶段改革的成效显著，参与电力市场竞争的发电公司的数量在不断增加，而且市场的电价也在持续降低，对终端用户十分有利。但是，英格兰地区的电力体制改革并不彻底，电力市场依旧存在着较大的供需问题以及各种其他的内部矛盾。为了改变这种形式，英国决定迎来第三阶段的市场改革。

（四）BETTA 模式

由于前两个阶段的改革主要在英格兰和威尔士地区实施。2005 年 4 月，英国政府将 NETA 模式推广至全国，由此开始了第三阶段的改革模式 BETTA 模式。这种模式目的是推动全英国范围内的电力市场的良性竞争，保证电力系统安全和提高供电质量，消除跨大区电网的使用障碍。

经过了三个阶段的改革，英国电力市场的交易效率得到了极大的提高，同时也促进了市场的良性竞争。但是，任何的模式并不都是无可挑剔的，每一种模式在运行中都会发现一些不可避免的问题。在 2013 年，英国又开始了新一轮的电力改革，这次改革是以低碳电力为核心，将差价合约和容量市场纳入已有的电力市场范畴，当然，降低用户的用电支出都成为每一轮改革的目的之一。

和英国一样，美国的电力市场一开始也是采取垄断经营、政府管制的模式。这一模式十分不利于电力市场的未来发展，而且违反了公平竞争的原则。同时存在着电力设施老化等问题。在这种背景下，美国开始了电力市场的改革。

（五）美国电力市场

1. 加州电力市场模式

加利福尼亚州是美国人口最多的州，但是加利福尼亚州的电价要高于美国全国的平均电价。1996 年 9 月，加州议会通过了议会法令，引入竞争，要建立新的电力市场结构，以降低用户的电力成本。这种模式是通过设立 PX 和 ISO 两个独立实体。PX 提供电能拍卖，IS 提供电控制、稳定运行以及辅助服务的功能。但是，加州电力市场仅仅运营了两年多时间，便出现了严重的电力危机，最后是以失败告终。

2. PJM 电力市场模式

PJM 模式不仅具有加州模式的优点，而且有效地克服了 PX 和 ISO 区独立运行的缺点。市场功能相对完善，交易比较公平，是一种相对成功的市场模式。它将 PX 和 ISO 整合成一个实体，提供优化的中央调度，采用 LBMP（区域边际定价法）。

3. Nevada 和 ERCOT 电力市场模式

建立一个 ISA（Independent System Administrator）CACK（Control Area Operator）、RTO（Regional Transmission Operator）和市场相互协调。而美国电力市场则是在全面私有化基础上进行的，它们是两种最具代表性的电力市场结构模式。

英国的强制型电力库（Power Pool）模式、NETA 模式以及 BETTA 模式广受关注。美国加州的市场化改革尽管起步比较晚，但是却能独树一帜。改革伊始，力争设计一种完美、超前并且具有表率作用的市场模式。2001 年加州电力危机出现以前，这种模式曾经一度受到很多学者推崇。但是，加州电力市场才运营了两年多时间就出现了严重的电力危机，并且导致了一场惨重的失败，经历了一次惨痛的教训。这种结果大大超出了人们的意料，促使人们努力地考虑改革中可能遇到的种种原因和困难，更加妥当地进行市场化改革。加州电力危机的教训和英国电力市场的经验，这将对我国电力市场的结构和运营模式的设计产生深远影响。

目前，很多国家和地区都在进行电力体制改革和结构重组，建立电力市场，借此提高运营效益。世界上主要的电力市场有英国电力市场；美国加州、PJM 和 NEPOOL 电力市场；阿根廷电力市场；新西兰电力市场；澳大利亚电力市场；北欧电力市场等。

各国电力市场的运营模式可以归纳为两类：

（1）发、供、用电沿用垂直一体化管理，只是进行有限和局部的改革。采用这种模式的国家有法国、日本、印度、苏格兰、巴基斯坦，以及美国的一些州。

（2）发、供、用电环节解除或放松管制。采用这种市场模式的国家和地区有英国、美国加州、新西兰、澳大利亚、挪威、阿根廷、秘鲁及智利等。

虽然各国电力市场的结构大相径庭，改革所处阶段及所遇到的问题也各不相同，但是它们都有一些相同的特点：

（1）电价改革是重中之重。

（2）规模效益逐渐消失。垄断导致了规模效益越来越低，已经无法补偿因低效益带来的损失。同时，规模效益的逐渐下降和非增性质，已经逐渐影响到了输电定价的经济学理论基础。

（3）发电侧首先引入竞争，现货与合同交易并举。

（4）供电领域逐渐开放，先从大用户然后到所有用户均可自由选择供电商。

（5）输电网垄断经营，挖掘和发挥自然垄断的潜力。从输电网的自然垄断可以看出，电网不能重复建设，可以组建国家电网公司实行开放式的垄断经营。

（6）以经济和法律手段管理市场，优化经济结构，避免简单的命令式的调度方式。尽力发挥市场经济这只"无形的大手"，充分运用经济手段有效地调节和平衡电力市场。

（7）实施有限且严格的监管。监管不可或缺，并且应该具有实时的反馈和灵活的调节功能。为了保护大众的利益，必须针对具有垄断性质的环节实施有效的监管，最终目的是用法律手段来规范市场，保证市场竞争的公平公正。

二、国内电力市场运作模式

为了让电力市场更加有效，选择适合我国国情的电力市场运营模式，自 20 世纪末起，中国也积极地加入到电力市场化改革中来。

按不同的发展阶段或按不同的市场特征，电力市场可以分为垄断型、买电型、批发竞争型和零售竞争型（或称为完全垄断、寡头垄断、垄断竞争和完全竞争型，也可称为垄断型、发电竞争型、输电开放型和配电开放型）。我国制订的分四步建设电力市场的框架正是这一思想的具体体现。然而，对于电力市场的层次结构和交易模式，却存在着诸多的争议。有的电力市场模式最初认为是比较好的市场模式，经模拟运行后却发现在实际运用中存在着或多或少的弊端。因此，需要重新看待这一问题。

我国的电力工业已经由传统的垂直一体化垄断模式逐步过渡到现今的发电侧开放模式。如今，我国的电力市场改革方向已由"省为实体"调整为：完善并且实现省级电力市场，加速发展区域电力市场，逐步培养国家电力市场；形成以区域市场为主，国家市场和省级市场为辅，统一开放、协调联动的电力市场体系。同时，围绕厂网分开、竞价上网、建立科学合理的电价形成机制以及建立国家监督委员会四个核心进行改革。等到区域电力市场形成后，电力企业就会逐渐走向竞价上网模式。如今，竞价上网的电量占年度总电量的 10%—15%。随着电力市场化改革的进一步加深，竞价上网的电量占年度总电量的比例会逐步提高，我国电力市场的运营模式终将走向成熟与成功。根据各国的经验和教训以及我国的基本国情，较为理想的电力市场模式是建立以下四个运营实体：独立发电商（IPPS）、电网公司（GC）、系统操作员（SO）和电力交易中心（PX）。组建独立发电商 IPPS 是基于发电环节和发电侧竞价上网的需求，在生产环节打破垄断经营，引入竞争，形成庞大的发电市场，建成发电侧开放模式。SO 和 GC 一体化，是从我国的调度结构出发，在形成发电市场的基础上，使输送环节打破垄断，引入竞争，形成电力运转模型，有助于我国电力市场的平稳过渡。最终，在此基础之上构建 PX，使销售环节也能够打破垄断，引入竞争，形成配电网开放模式。在 PX 模式下，最终形成发电市场和电力销售市场两种电力市场，是当前电力市场比较理想的电力市场模式，也是电力工业改革目标之一。深入了解电力市场的基本运营模式以及我国电力市场改革的现状，对我国未来配电网开放模式下的电力市场结构进行进一步的研究，提出符合我国国情并且基于配电网开放模式下的电力市场结构的基本框架。区域电力市场的运营中心应该具有跨省联络线和区内的超高压主干线路，连接起区域内、区域外的电力，并成为所在区域电力系统规划、电网调度和市场交易结算的中心。区域电力市场模式简单明了，符合电力市场运行规律，具有大范围的电力市场格局，便于推进发展，而且省级电力市场具有良好的物质基础和组织结构，从而能够全面提升电力系统的安全性和电力市场的稳定性。从其他国家的经验来看，对比较大的国家而言，设立几个区域性的批发电力市场是符合事物客观规律的。建立一个大型的区域电力市场，并不是几个相互独立的省级电力市场，这样一来可以合理利用区域内的各种能源，实现资源利用最大化，有利于消除省际壁垒；二来在紧急情况下可以进行地区之间相互支援，提高运行可靠性；三来可以管理区域间的辅助服务，提高系统的安全性；四来可以协调与相邻区域电网的电力交换。因此，在我国原来的六大区域电网的基础上建立几个区域电力市场，是比较合适的，也是非常及时有效的，也有利于我国电力市场发展。

第三节 服务营销思想及其发展

一、市场营销与服务市场营销

（一）什么是市场营销

"市场营销"一词的含义是什么？许多人仅仅把市场营销理解为推销和广告。这并不奇怪，因为每天我们都受到电视商业广告、报纸、直接邮寄攻势和推销电话的轮番轰炸。但是，推销和广告只是市场营销这座冰山露出水面的小尖顶而已。尽管很重要，但它们只是市场营销众多功能中的两项功能，并且通常还不是最重要的两项功能。

今天，要理解市场营销已不能再从那种古老的"劝说和推销"角度去考虑，而是应该从满足顾客需要的新角度去考虑。如果营销商能够很好地理解消费者的需要，开发出具有较高价值的产品，并能有效地进行定价、分销和促销，那么他们很容易销售这些产品。因此，推销和广告只是更为广泛的"营销组合"的组成部分，而营销组合则是一组共同作用以影响市场的营销工具。

著名营销学家菲利普·科特勒将市场营销定义为："个人群体通过创造产品和价值，并同他人进行交换以获得所需所欲的一种社会及管理过程。"

（二）营销管理理念

我们将营销管理表述为：为实现与目标市场之间的理想交换而做的工作。那么，什么样的理念才能指导市场营销工作呢？对组织、顾客和社会三者利益之间的比重应如何确定？经常的情况是，这三者的利益会发生冲突。

有五种可供选择的观念指导企业进行市场营销活动，它们分别是：生产观念、产品观念、推销观念、市场营销观念和社会营销观念。

1. 生产观念

生产观念认为，消费者会喜欢那些随处可买到的价格低廉销的产品。因此，生产导向型组织的管理部门总是把注意力集中在改进生产和销售效率方面。这一观念是指导销售者的最古老的理念之一。

生产观念在两种状况下不失为有效的指导思想。第一种情况是产品的需求超过供给，此时，管理部门应致力于增加产量。第二种情况是产品的成本太高，必须靠提高生产率来降低成本。

2. 产品观念

另外一个指导销售者的主要观念是产品观念。这一观念认为消费者欢迎那些质量最优、性能最好、特色最多的产品。因此，企业应该致力于对产品不断地进行改进。一些制造商相信，如果他们能造出更好的捕鼠器，人们就会纷纷找上门来。但是，他们经常会目瞪口呆地发现购买者很可能要找一种更好的灭鼠方法，而并非就是要一个更好的捕鼠器。比捕鼠器更好的灭鼠方法可以是化学喷剂、灭鼠活动或其他。另外，更好的捕鼠器可能卖不出去，除非制造商将它的设计、包装和价格弄得十分诱人，把它放在便利的销售渠道中进行销售，使它引起需要者的注意，能使购买者相信该捕鼠器比同类竞争对手的要好。

产品观念也会导致"营销近视症"。例如，铁路管理部门曾经认为使用者需要的是火车而不是运输，因而忽视了来自日益增长的飞机、公共汽车、卡车和小汽车的竞争。许多大学也认为中学毕业生需要的是大学文科教育，因而就忽视了来自职业学校日益增长的挑战。

3. 推销观念

许多机构采用推销观念，这种观念认为除非机构采用大规模的推销和促销活动，否则消费者不会购买。推销观念典型地被用于滞销商品，即那些购买者通常不会考虑购买的产品，如大百科全书或保险。这些行业必须善于追踪潜在的购买者，并突出产品的好处进行推销。

绝大多数企业都是在生产能力过剩时采用推销观念，目的是推销他们生产的产品，而不是生产市场需要的产品。这种营销的风险很高，它注重的是做成买卖，而不是与顾客建立长期的可获利的关系。推销观念假定，被哄骗购买了某产品的顾客会喜欢该产品。或者，如果他们不喜欢该产品，他们也有可能会忘记自己的失望，以后会再次购买。这些通常都是对购买者做出的错误估计。大多数研究表明，感到不满意的顾客不会再次购买该产品。

更坏的情况是，感到满意的普通顾客会告诉其他三个人有关其美好的购物经历，而感到不满意的普通顾客会将他或她糟糕的经历告诉其他十个人。

4. 市场营销观念

市场营销观念认为，组织目标的实现有赖于对目标市场的需要和欲望的正确判断，并能以比竞争对手更有效的方式去满足消费者的要求。营销观念有许多生动的说法，例如，"飞行就是服务"（英国航空公司）；"只有你满意，我们才满意"（通用电气公司）。潘尼百货公司的座右铭也概括了营销观念："我们会竭尽所能，使顾客所花的每一美元都能买到十足的价值、质量和满意。"

推销观念和市场营销观念有时会混淆。对这两种观念进行了比较。推销观念采用由内向外的视角；它从工厂出发，着重企业现有的产品，并且需要大力进行推销和促销活动，以实现有利的销售；它强调的是征服顾客，即取得短期销售量，而不怎么关注是谁在购买以及为什么购买。营销观念恰恰与此相反，它采用的是由外向内的视角。它从一个界定明确的市场出发，以顾客需要为中心，协调所有影响顾客的营销活动，并通过建立基于顾客价值和满意之上的长期顾客关系来取得利润。在营销观念的指导下，企业生产消费者想要的产品，从而满足消费者的需要并获取利润。

把一个推销导向型的企业转变为营销导向型的企业需要若干年的艰苦工作，目标是将顾客满意真正植入企业的组织中，顾客满意就不再是时尚。正如一位营销分析家所说的："在企业化的美国，顾客满意正在成为一种生活方式和信息技术及战略规划一样，它同样被植入到了企业文化中。"

5. 社会营销观念

社会营销观念认为，组织应该确定目标市场的需要、欲望和利益，然后再以一种能够维持或改善消费者和社会福利的方式向顾客提供更高的价值。社会营销观念是五种营销管理理念中最新的一种。

社会营销观念提出的质疑是，在一个环境恶化、资源短缺、人口急速增长、全球经济紧缩和社会服务遭忽视的年代里，纯粹的市场营销观念是否仍然令人满意？那些了解、服务和满足个人欲望的企业，可能并不总是从消费者和社会最好的长远利益出发来行事。根据社会营销观念，纯粹的市场营销观念忽视了消费者短期欲望和消费者长期社会福利之间可能存在的冲突。

以快餐行业为例，绝大多数人认为，当今庞大的快餐连锁店不仅提供方便可口的食品，而且价格也十分合理。但是，许多消费者和环保团体都已表达了他们的担心。批评家指出，汉堡包、炸鸡、炸薯条和其他快餐店中出售的绝大多数食品都是高脂肪高盐食品，从长期来看这不利于顾客的健康。此外，这些食品采用方便包装，产生了过多包装废弃物，从而会导致浪费和污染。所以，非常成功的快餐连锁业在满足消费者欲望的同时，可能正在影响消费者的健康和制造环境问题。

这些担心和争议导致了社会营销观念的产生。社会营销观念要求营销者在制定营销政策时，要考虑企业利润、消费者欲望和社会利益三者之间的平衡。起初，绝大多数企业的营销决策在很大程度上取决于企业的短期利润。后来，它们开始认识到满足消费者欲望的长远的重要意义所在，从而产生了这种营销观念。如今，许多企业在做营销决策时已开始考虑到社会的利益。

强生公司便是考虑社会利益的企业之一。最近，它在《财富》杂志的民意测验中被评为美国最受推崇的对社会和环境负责的企业。强生公司对社会利益的关切集中体现在一份被称为"本公司信条"的文件中，该文件强调诚实、正直和以人为本。根据这一信条，强生公司宁愿自己遭受巨大损失也不愿发送一批劣质产品。并且，公司除了支持环境保护方案外，还支持许多有益于其消费者和工作人员和职员方案。强生公司的总裁这样说道："我们相信，只要我们坚持设法做正确的事情，总有一天市场会报答我们的。"

强生公司以行动来支持这些诺言。例如，在一次镇痛剂惨案中，有 8 人因吞食了强生公司的泰诺牌的含氰化物胶囊而死于非命。尽管强生公司确认在几家商店中该药片已得到了调换，但是工厂中的药片还未得到更换，所以公司很快便撤回了所有的产品。这一做法使强生公司损失了 2.4 亿美元的收入。但是，从长期来看，强生公司对泰诺的迅速撤回增强了消费者的信心和忠诚，况且泰诺仍然是美国镇痛剂的主导品牌。在这个案件及其他案件中，强生公司管理部门发现做正确的事情对消费者和对公司都有益。因此，许多年来强生公司对消费者和社会服务的贡献已使它成为美国最受推崇的企业之一，而且也是最能盈利的企业之一。

（三）营销管理面临的挑战

市场营销是在一个动态的全球环境中进行的。每隔十年，营销经理都需要重新考虑其市场营销目标和实践。世界的飞速变化能够迅速地使昨天的制胜战略在今天变得过时。正如管理专家彼得·德鲁克曾经评述过的，企业过去十年成功的方案很有可能是其下个十年毁灭的原因。

在 21 世纪营销的挑战是什么呢？现在的企业正不断地与变化中的顾客价值和倾向、经济萧条、环境恶化、日益增长的全球竞争以及其他众多的经济、政治和社会问题进行搏斗。但是，这些问题也提供了市场营销机会。下面进一步深入地研究几种关键的趋势，以及促使市场营销快速变化和挑战市场营销战略的几大力量。

1. 非营利性营销的增长

过去，营销主要被广泛地应用于工商业部门。但是最近几年，营销已经成为许多非营利性组织如大学、医院、博物馆、交响乐团甚至教堂的重要组成部分。

不断增长的非营利性和公共部门营销，为营销经理们提出了新的、令人激动的挑战。

2. 信息技术的迅猛发展

计算机、电话和电视技术的迅猛发展，以及这些技术的合并使用，对企业营销其产品的方式产生了巨大影响。通过电视会议，悉尼、东京、巴黎和纽约的营销主管可以"实时"会面，而不必踏上飞机。直接营销商无所不知，从你开什么型号的车，读什么书，直到你最喜欢什么风味的冰淇淋，所有这些只需揿击几下鼠标就可以得到。密执安州安·阿伯地区的一家小企业可一天24小时向全世界千百万观众宣传它的产品，所花的钱比在附近报纸上刊登一则广告的费用还要少。《大趋势》和《全球性悖论》的作者约翰·奈斯比特说："电信技术是既创造巨大的全球经济又使全球经济的组成部分更细小更强有力的驱动力。"

这种奇迹的核心是信息高速公路及其支柱——因特网。因特网不存在所有权或中央管理机构，它已进入135个国家和地区，其成员正以每月10%—15%的速度增长。就在十多年前还作为一小部分政府机构和研究院之间连接工具的因特网，现在已被迅速地运用到商务中，企业正在利用因特网与偏远办公室的职员进行联络，保持与顾客和供应商的联系，更快地发布销售信息。由于新技术使因特网更能进人用户家庭，使用户备感亲切，所以企业将通过因特网取得千百万新顾客，而所花费用只是印刷品广告和电视广告费用的一小部分。

3. 迅速全球化

世界经济在过去20年中已发生了剧烈变化。随着喷气式客机、传真机、全球电脑和电话的联网，世界电视卫星广播以及其他先进技术的出现，地理和文化的差异已缩小，从而使企业能大大拓宽其地理市场覆盖面及采购和制造范围。结果却出现了一个对企业和消费者来说都更加复杂的市场营销环境。

今天，几乎所有的企业，无论大小，都或多或少地受到全球竞争的影响。例如：附近的花商从墨西哥花匠那儿买花，纽约小批量服务零售商从亚洲进口商品，美国电器制造商在本国市场上同强大的目标对手竞争，大量的美国消费品生产商把新的产品出口到国外新兴市场。

今天，企业不仅在国际市场上努力销售其在当地制造的产品，而且还在国外购买更多的零部件和供应物。例如，美国最著名的服务设计师之一——比尔·布莱斯可能会选择由澳大利亚羊毛织成并由意大利设计印染的布料。他设计出一件女装，并把图案传真给香港代理人，再由香港代理人向中国工厂订货。成衣被空运到纽约，再由纽约分销到全国各地的百货商店和专卖店。

因此，全世界各个国家的经理们都急于知道究竟什么是全球市场营销？它是怎样区别于国内市场营销的？全球竞争对手和势力是怎样影响我们的生意的？我们"走向全球"应达到什么程度？许多企业正在和外国企业甚至和竞争对手建立战略联盟，由这些外国企业或对手充当供应商或市场营销伙伴。过去几年中，许多竞争对手之间已建立了一些令人惊讶的联盟，如福特和马自达、通用电气和松下、美国电话电报公司和好利获得等。未来的成功企业，很有可能是那些已经建立了最好全球网络的企业。

4. 不断变化中的世界经济

在过去几十年里，世界上很大一部分地区正变得日益贫穷。萧条的世界经济导致了对消费者和营销者来说都更为困难的时期。纵观世界，人们的需要超过以往任何时候。但是，许多地区的人民没钱购买所需的商品。毕竟，市场是由同时具有需要和购买力的人组成的。但在许多情况下，后者往往缺失。

当今的经济条件对营销者来说，既制造了问题，又创造了机会。一些企业面对不断衰退的需求，几乎看不到什么增长的机会。但是，其他一些企业在不断寻找解决消费者问题的方法。例如，沃尔玛连锁店成长为市场领导企业，依靠的是两条原则，即"保证满意"和"我们的价格总是较低"在每一个沃尔玛连锁店里可以看到这两个装饰鲜明的原则。消费者走进沃尔玛连锁店时会受到接待员的友好欢迎，接着便会发现店内的商品品种繁多、品质优良，并且都是以日常低价出售的。

5. 对更多道德和社会责任的呼唤

当今市场营销环境的第三个因素是，越来越多的人呼吁企业对其行为造成的社会和环境影响承担责任。从企业会议室直到商学院的教室，企业道德几乎是每一个商业场所的热门话题，很少有企业可以无视对环境运动的新需求。

道德和环境运动将来会对企业提出更严格的要求。以最近的环境发展为例，西方非常震惊地发现前东欧集团各政府对环境的严重忽视。在许多东欧国家，空气污浊，水源遭到污染，土壤也因大施化学剂而变得有毒。1992 年 6 月，来自一百多个国家的代表参加了在里约热内卢举行的地球保护最高级会议，商谈如何解决诸如像热带雨林的破坏、全球变暖、物种濒临灭绝这样的环境问题及其他环境威胁。很明显，将来企业在市场营销和生产制造的过程中，必须遵守不断提高的环境标准。

6. 新的市场营销前景

过去十年中，各地的商家都接受了一个不得不信服的教训。国内的企业认识到它们不能再忽视全球市场和竞争对手。在成熟行业中的成功企业认识到它们不能轻视新兴的市场、技术和管理方法。各类企业都认识到它们不能把焦点只集中于企业内部，而忽视顾客和环境的需要。

当前，企业将不得不在每一个方面都以顾客为导向，受市场驱动。仅仅受产品或技术驱动是不够的，但是，仍然有太多的企业至今在设计产品时仍不考虑顾客因素，这样做的结果只能是发现自己遭到了市场的拒绝。

二、服务市场营销

什么是服务市场营销（service marketing）呢？科特勒对市场营销的定义，同样适用于服务市场营销，只不过把营销的对象由实体商品改为服务就可以了。实际上，在科特勒的定义里，并没有指明营销对象是实体商品还是服务。美国著名营销学家 Chris 认为，服务营销集中关注服务性企业中对营销职能的管理。这样的描述，虽然不能作为服务营销的定义，但是已经非常精炼、准确地回答了服务营销的含义，对我们理解其功能已经足够了。

三、服务营销思想发展的历史

（一）起步阶段（1980 年之前）

起步阶段是一个探索和冒险的历程。1953 年出现的服务营销文献为起步阶段拉开了序幕，而商品营销与服务营销的论战则是这个时期的终曲。在 1953—1980 这 27 年里，美国和欧洲共发表了 120 篇作品，其中大部分是 20 世纪 70 年代的产物。许多如今声誉卓著的市场营销学者如约翰·贝特森、伦纳德·贝里、斯蒂芬·布朗、约翰·西普里尔、皮埃尔·艾格理尔、威廉·乔治、克里斯琴·格罗鲁斯、尤·约翰逊、埃里克·兰吉尔德、克里斯托·弗洛夫洛克和林恩·肖斯塔克，就是从那时起开始写作和发表作品。

早期的市场营销学关注的是农产品的销售，随后，它的范围扩大至有形商品的市场营销。在最初的文献中，服务相对而言是无人问津的，以下这段引文即为明证：

现在，"企业"最主要的职能仍是销售商品。会计、银行、保险以及运输都仅仅是工具，虽然它们十分重要，但它们也只是生产和销售商品的工具而已。

有形商品的营销一直受到普遍重视。在教科书和其他出版物里，市场营销即为有形物品营销是被视为真理。

然而尽管工业化国家已开始向服务经济过渡，市场营销学却对这种变化视而不见。虽然早在 20 世纪 40 年代中期，一些国家的经济已经以服务为主，营销方面的学者们还是经历了一段空白时期后才开始讨论和研究服务经济以及服务营销的。

许多早期的学者在写作关于服务营销新课题的文章时都冒着很大的风险。有些人是在读博士或尚未取得终身教授资格时开始进行服务研究的。虽然学术界的传统之一是"站在巨人的肩膀上"构建新知，这些先驱者们却全靠自己开拓疆域。因为没有任何研究模式可做先例，他们陷入了发展新知的困境，并且发现自己正"试图成为巨人"。贝里和帕拉舒曼详细地记录了这些先锋们所面临的个人挑战。

起步阶段大部分的作品是很概念化的。关于服务的性质及其营销所做的定义阐述是这些作品的核心内容，很少有出版物涉及经验化的调查。除此之外，由于服务营销还是个新兴领域，早期的文献面临着十分有限的发表渠道。

有趣的是，在 20 世纪五六十年代，大部分研究服务营销的学者是从写论文开始的。这些学者开创了一种新的模式。在起步阶段，这个模式被美国的另外 17 位少壮派学者发扬光大，用于他们独立完成服务营销论文。这其中有几位后来在服务营销学的研究中成绩斐然。约翰逊的论文首次提出"商品和服务是否有区别"，从而引发起了一场商品对服务的论战。

20世纪60年代，《市场营销月刊》上刊登了三篇有关服务营销的文章。里甘的作品是其中的首篇。他在文中说美国已经进入了"服务革命"时期，这将极大地改变消费者的行为。贾德主张对服务重新定义，并创造了一种服务象征论。拉思梅尔认为，营销人员应该更多地关注服务领域，他对服务所做的定义一直沿用至今。虽然《市场营销月刊》的上述三篇文章都是描述性的，但它们在影响后来学者们的思考方面起着举足轻重的作用。

1974年布卢瓦撰写的文章，成为第一篇发表于《欧洲营销月刊》的服务营销作品。他指出了服务经济对于英国的重要性并且强调服务方面文献来源的稀缺性。布卢瓦同时还提出了研究服务营销的新方法，这一方法建立在买方行为理论的基础之上。20世纪70年代，另一篇引人注目的文章是康奈利写于1976年的对服务的分销渠道进行考察的文章。他指出服务营销渠道与有形物品的分销渠道有着天壤之别。

在20世纪70年代，至少有一打以上的论文集中于服务营销课题，其中10篇完成于70年代晚期。乔治研究的是服务行三业的市场营销，他写于1972年的论文后来发表于《市场营销胃月刊》。此外，他还在《零售业月刊》上撰写了第一篇关于零售服务的文章（1977年）。温伯格1976年的论文是在实验室环境中，测试了服务与商品论战中的各种信息。这些数据为《营销科学学会月刊》上发表的第一篇服务营销文章提供了依据。1979年，格罗鲁斯的论文主要探讨了服务企业的营销职能，这个重点在他最近的作品中仍受垂青。

论述服务营销学的第一本书实际上是约翰逊写于1964年的一份专题研究报告。他以个人访谈、安全分析、行业协会接触以及文献查询评论为基础，试图以此来向营销经理们表明如何更为有效地处理与服务有关的无形事务。而这方面的第一部长篇专著是拉思梅尔于1974年写的书。他试图将服务引人市场营销行业，使两者互为交融。同时，他竭力在体育运动、银行、卫生保健和企业服务这四个行业中将两者合二为一。在服务营销学的发展初期，拉思梅尔的这本书被不少大学作为开设服务营销课程的教科书。

1968年，约翰逊关于服务经济的研究报告是第一篇由营销服务学院（MSI）出版的专题研究报告。而艾格里尔等人1977年的专著记录了MSI有关全新的消费者服务营销研究项目的最初成果。这五份长篇论文的专集对许多早期研究者来说是弥足珍贵的。该本专集收录了约翰·贝特森的《我们是否需要服务营销》、皮埃尔·艾格里尔和埃里克·兰吉尔德合著的《研究服务营销的一种新方法》、皮埃尔·艾格里尔的《关于服务管理问题共同性的解释：一个领域的研究》、皮埃尔·艾格里尔和埃里克·兰吉尔德合著的《服务系统的营销意义》以及洛夫洛克和罗伯特·扬合著的《在服务行业里挖掘提高生产力的营销潜能》。1978年，MSI又出版了由贝特森等人所著的《消费者服务营销的概念构架测试》一文，这篇文章的基础就是贝特森在其1977年的报告中所陈述的思想和观点。

也许可以这么说，起步阶段最主要的贡献就是对服务的特性进行了文字描述，这些特性（无形性、不可分割性、多元性以及易逝性）构成了一个坚实稳定的基础，证明了服务营销是有别于商品营销的，尽管这个新领域的发展遇到一些挑战，但它还是得到了广泛的支持和倡导。

随着服务营销文献数量的增加，出现了一种对服务营销理论的合法性这一根本问题的质疑。在起步阶段的后期，这场辩论逐渐趋向白热化。商品营销与服务营销间的这场论战意味着对服务营销学存在的权利提出挑战。如果市场营销学认为服务营销具有其独特性，那么这个领域就会得到广泛的认可而繁荣发展。但是，如若市场营销学认定服务营销仅仅是商品营销的一种延伸，那么，这门新学科就会被视为不合逻辑，从而走向灭亡。今天，旁观者在回顾当时的文献时会觉得辩论最初是向一边倒的，这是因为在20世纪70年代，几乎所有撰写服务营销文章的作者都会被迫在文章中表明服务营销的与众不同，哪怕仅仅在导论中写明这点。而与此同时，又几乎没有反对者愿主动发表他们的观点。事实上，大多数倡导者遇到的是评论家和会议参加者的口头批评。在一些学院的系科里，这种争论是作为非正式的讨论并在论文评审委员会成员之间进行交流，最终，每一位早期服务营销学者都意识到那些口头上的反对是对他们研究及写作的合法性提出的质疑。这种挑战（即使并非是白纸黑字）对他们的职业前途也是有百害而无一利的，尤其是有些先驱者还十分年轻，资历不深，尚未拿到终身教席。在这种情况下，对反对意见的强烈反响也就不足为奇了。1975年，维克汉姆等人曾在《欧洲营销月刊》上发表批评服务营销的文章。他们考察了有关服务营销的与众不同的言论，然后得出结论，认为将商品和服务进行分类是有失偏颇的。

到了20世纪70年代后期，一篇里程碑式的文章改变了服务营销学的发展历史。林恩·肖斯塔克（当时的花旗银行的副总裁）撰写了一篇名为《从产品营销中解放出来》的文章，刊登在《市场营销月刊》（1977年）上。菲利普·科特勒对此评论道："这篇文章即使没有改变市场营销学本身，也改变了我们对服务营销的理解。"在肖斯塔克的文章中，她提出了以下这段引起争论的主张："服务行业中没有能够建立相关的营销理论，恐怕与市场营销本身的"近视"作风不无关系，因为市场营销中缺乏与服务密切相关的指导、术语或操作准则，所以服务行业在将营销与决策和控制等主要活动相结合的过程中，往往行动迟缓。"

肖斯塔克的批评引起了极大震动，因为她不是学术界人士。她的文章像是令人振奋的号召，激起了无数服务营销学者们的研究热情。

1978年，托马斯在颇具影响的《哈佛商业评论》中也提出，对于服务型企业，其战略是不同于生产型企业的。具体来说，为有形商品而制定的传统战略已不适用于服务企业，他认为，服务行业的经理们应该充分利用他们各自拥有的、独一无二的战略。

1979年召开了关于营销理论的首次现代美国市场营销协会学术会议，这次会议提供了一个特殊的论坛，使得学者们可以公开而又充满热情地宣扬服务营销的独特性。那年，贝特森强烈要求为服务营销注入新的概念，与此同时，洛夫洛克满怀着同样的激情和热望宣称，营销概念应该扩大范围并将服务营销纳入其中。在商品与服务营销战略论战的后期，贝里于1980年发表了一篇具有决定性意义的文章，名为《服务营销的独特性》。然而，一直到早期的探索阶段，仍留有这场论战的痕迹，甚至在挺进阶段，对服务营销学的挑战依然不时地出现。

（二）探索阶段（1980—1985 年）

探索阶段代表的是一个对于服务营销呈现出极大兴趣和热情的时期。在服务营销专题学术会议上，已成名的学者和初出茅庐的作者第一次走到了一起。20 世纪 80 年代的前半段还是服务营销文献发展的过渡期，这时，服务与商品的辩论已逐渐淡出，取而代之的是为"挺进阶段"打下扎实的基础。在这个阶段，专著的数量有了显著上升，这其中就有发表于顶尖杂志《市场营销月刊》上的四篇作品。

1980—1985 年，两个主要的发展引发了服务营销文献的急速增加，这个上升趋势一直延续至今。其中一个主要的发展是对服务行业管制的解除，另一个是在一系列的美国市场营销协会学术会议上，参加者之间开诚布公的广泛交流。

20 世纪 80 年代初期，对服务业的管制开始解除，尤其是在北美地区，从事航空运输、金融服务、健康保健以及电信的企业发觉它们面临着新的竞争环境，即激烈的价格竞争和不断上升的消费者期望。在这些公司内部，市场营销的地位从对公司较为重要跃升到了生死攸关。随着大部分公司意识到市场营销学的巨大作用和意义，它们开始渴求能掌握和理解这门学科知识。这种强烈的需求促使服务行业的经理与市场营销学的专家走到了一起。

对一些专家学者来说，在完全明白上述事件的影响前，他们已对服务营销有初步接触。通过写作、经理人员教育项目和咨询，许多学者试图对具体服务行业的需求提出对策。但这些教育者很快明白，服务营销与商品营销存在差异。许多人甚至还领悟到，在学术研究方面必须跨越特定的公司和行业的界限。

与此同时，美国市场营销协会组织了一系列关于服务营销的学术会议。正是因为认识到了新近的发展趋势，美国市场营销学会的一些领导（如前主席伦纳德·贝里和斯蒂芬·布朗）成功地说服了协会中的其他成员，从而使该协会做出承诺，对服务营销的发展予以更多的关注。1981 年、1982 年、1983 年和 1985 年举行的 4 次服务营销会议极大地鼓舞了来自欧美国家的学者和企业界人士，并使两者间取得了颇有成效的交流；1985 年在得克萨斯州 A&M 大学举办了首届以服务为主题的美国市场营销协会教授联合会；同年在纽约市，营销科学学院与纽约大学也联合组织了一次关于服务接触的学术会议。许多 20 世纪八九十年代发表的论著都是以这些会议上的讨论为素材来源的。这些会议还产生了另外的一个结果，就是对欧洲与北美的贡献给予了同样的重视，并关注服务营销思想实践的意义。

在探索阶段，出现了两本全新的期刊：1980 年创刊的《服务行业月刊》（JPSSM）和1985 年诞生的《专业服务营销月刊》。JPSSM 创刊号的"前言"讨论了各界对服务持续增长的乐趣，并指出这本杂志覆盖的范围不仅包括经济生活中关于特定服务行业的具体问题的阐述，更将囊括涉及整个服务行业的具有普遍意义的文章。1985 年，亚利桑那州立大学还建立了服务营销第一洲际中心。这个中心通过鼓励服务营销学术研究和商业社会建立联系巩固了服务营销学合法的地位。

总之，解除管制、实践者与理论者之间的对话以及欧洲与美国的联系对这一时期文献论著及以后发表的作品产生了显著的影响。

1980—1985年，有关文献的数量增长迅猛。尽管在20世纪80年代早期，商品与服务间的论战已偃旗息鼓，AMA有关服务营销的会议的会刊还是记载了一些存在的争论。越来越多的学者开始将目光投向那些专属于这个领域的重要问题，如服务质量和服务接触。

1983—1985年的三年里，在《市场营销月刊》上刊登了四篇关于服务的文章，这极大地鼓舞了服务学的研究者，并在市场营销人员中进一步确立了服务营销的地位。

克里斯托弗·洛夫洛克1983年发表了《将服务分类以获取战略性营销见解》一文，提出五种分类方案，这些方案均超越了狭隘的行业界限。对每一种分类方案，洛夫洛克都在服务的性质将如何影响营销战略和战术这一点上提出了深刻的见解。这篇文章获该杂志极负盛名的杰出荣誉奖，由此强化了服务营销的独特性。

1985年在《市场营销月刊》上又有两篇意义重大的文章发表，它们的作者是帕拉曼、瓦拉利·柴特哈姆和伦纳德·贝里。在第一篇文章中，作者为总结服务的独特性而提出了一个概念化框架。他们报告了一次调研的结果，调研的对象是服务行业的经理，调研内容是这些经理针对营销问题会采取哪些战略。作者同时还将文献讨论的问题和战略与经理们的回答相比较，然后对此提出自己的建议。除了为服务营销学提供了一个全面综合的案例，这篇文章还成为发表于主要杂志上的首篇关于服务实证研究的作品。

后来，这个作者小组在1985年又发表了一篇文章，题为《服务质量的概念化模型和它对今后研究的意义》。这篇文章引发了一个非常成功地由MSI支持的研究项目。在这篇文章中，作者们首创了他们关于服务质量的盖普斯模型，报告了在4个企业中，对服务质量所做的探索性调查。这篇里程碑式的作品以及随之而来的帕拉舒曼等人所做的研究吸引了更多的学者投身于这个领域的研究。这使得服务质量从此被视为服务营销中的核心课题之一。

1985年，《市场营销月刊》上的第三篇文章是所罗门等人撰写的《二元互动的角色理论总览：服务接触》一文。作者陈述了服务接触中的关键部分，认为服务提供者和顾客间的双向互动过程，直接关系到顾客对于一项服务的整体满意度。这篇文章以及一本由这几个作者编写的书引导学者们走向了更深入的调查，也使服务接触成为一个富有生命力的研究课题。

尽管前文所述的论著是探索阶段的代表作，这一阶段还有许多其他重要的论著。AMA组织服务营销学术会议的文集是所有文献中被引用最为广泛的作品之一。其他具有深远影响的作品有贝里（1983年）论述关系营销、布姆斯和比特纳论述有关服务营销组合扩充、格罗鲁斯（1981年）论述内部营销以及柴特哈姆（1981年）论述服务业消费者评价的独特过程。

除了《市场营销月刊》外，《哈佛商业评论》（HBR）长期以来一直是服务营销论文发表的主要渠道。在这个阶段，HBR 刊登的文章包括：1981 年莱维特关于无形商品营销的文章，1983 年塔凯琪和奎尔奇关于服务质量的文章，1984 年坎顿关于服务经济以及肖斯塔关于服务设计的文章。尤其是，被广泛引用的莱维特的文章为企业界和学术界的读者提供了服务营销方面的真知灼见。而《零售业月刊》也推动了这门学科的发展。该杂志发表的著述有：1980 年贝里关于节约时间的消费者，1982 年凯利与乔治论述服务业零售的战略问题，1985 年贝特森有关自助服务消费者的文章。与此同时，一些管理学及心理学学者撰写的文章也不容忽视，他们是：理查德·蔡斯、彼得·米尔斯和本杰明·施奈德等。他们的作品让营销学者们开始关注与服务有关的人力资源和运营管理问题。值得一提的是，欧洲学者约翰·贝特森、基思·布卢瓦、克里斯琴·格罗鲁斯、埃弗特·格默森和理查德·诺曼等人的作品极大地影响了服务营销思想的发展方向。

在 20 世纪 80 年代的早期到中期，出现了不少杰出的论著。它们虽然论述方向不同，但都意义重大。1984 年洛夫洛克出版了第一本服务营销方面的教科书。在书中，他将案例、报刊文章和文字资料糅合到一个独立成篇的正文中，为教授服务营销这门新兴课程的教师们提供了最主要的材料来源。而在此时期，"北欧学派"的作品开始崭露头角。这其中包括诺曼（1984）的《服务管理》以及格罗鲁斯和格默森（1985）的《服务营销——北欧学派观点》。1985 年，英国学者唐纳德撰写的《服务市场营销》也出版发行。为了推动服务营销教学的进一步发展，新罕布什尔大学的南希·汉森在 AMA 的协助下，整理并编写了服务营销课程的系列教学大纲，该系列大纲涵盖了在美国教授的全部服务营销课程。同年，菲斯克与坦苏哈耶通过 AMA 的帮助，编制了第一份服务营销文献的目录。如前所述，这份目录罗列了关于广义和狭义服务业的文章、会议论文、书籍和学术论文等。

探索阶段出版的文章、论文和书籍仍然对"服务与商品有本质区别"这一观点进行捍卫，另一些则以新的研究领域为目标，比如服务设计与规划以及服务接触等内容，所有这一切都为"挺进阶段"奠定了基础。

（三）挺进阶段（1986 年至今）

挺进阶段最显著的特征是相关出版物数量的突飞猛进实证理论研究严密性的不断提高，带动了服务营销职能研究的跨越。1986 年以来，关于服务是否有别于商品的讨论已经销声匿迹，大部分文献将重点集中在服务业中具体的营销问题上，这些问题有：鉴于服务经验多样性的质量管理问题；设计并监控无形的服务过程；供应能力有限的服务业如何对供求进行管理；由于营销同生产职能的重叠而导致的组织问题。对这些问题的关注使服务营销不断呈现跨职能的特征，因为许多被研究的问题跨越了传统的管理职能界限，具有多种原因，并可以有多种不同解决方案。

挺进阶段造就了越来越多致力于服务营销研究的学者。从 1981 年召开的首届 AMA 服务营销年会开始，市场营销学者在精神上互相支持。到 20 世纪 80 年代后期，服务学研究者的队伍迅速成长扩大，至今势头不减。在这支队伍中，不仅有成名的学者（如克莱斯·福内尔，理查德·奥利弗，琳达·普赖斯，罗兰·拉斯特）开始他们的最新课题中研究服务中的营销问题。每年还有更多的博士生选择服务营销作为他们论文探讨的主题。此外，几乎所有出席早期 AMA 会议的专家（如约翰·贝特森、伦纳德·贝里、玛丽·乔·比特纳、伯纳德·布姆斯、斯蒂芬·布朗、詹姆斯·康奈利、雷蒙德·菲斯克、威廉·乔治、克里斯琴·格罗鲁斯、埃弗特·格默森、埃里克·兰吉尔德、克里斯托弗·洛夫洛克、卡罗尔·瑟帕雷特和瓦拉利·柴特哈姆）都在继续对这个领域进行研究，到 1991 年，每年举行的 AMA 服务营销年会更是推动了此领域的蓬勃发展。

1988 年，瑞典的卡尔斯塔德召开了由卡尔斯塔德大学服务研究中心与亚利桑那州立大学服务营销第一州际中心联合发起的首届服务质量会议（QUIS），这次会议吸引了来自10 个国家的企业界人士和专家学者。它对于服务学研究的进一步发展起着举足轻重的作用。1990 年在美国康涅狄格州的诺沃克召开了第二次 QUIS 会议，1992 年第三次 QUIS 又重新回到卡尔斯塔德市举行。这一次有 15 个国家参加，极大地激发了研究者深入探索的热情。从 1988 年起，法国第三马赛大学每隔两年组织一次管理与营销夏季研讨会，研讨会将来自于市场、运营、人力资源领域的服务研究人员汇聚一堂，服务营销学的国际性和跨职能性在这个会议中显露无遗。研讨会的主持人是两位服务营销的先驱学者埃里克·兰吉尔德和皮埃尔·艾格理尔，他们至今仍活跃于学术界。

服务营销研究的另一股重要的推动力来自于在范德比尔特大学建立服务营销研究中心，1990—1993 年，该中心组织了四次服务营销学术会议。在此期间，亚利桑那州立大学的 FICSM 也处于兴盛阶段。该中心在《市场营销月刊》、《零售业月刊》、《市场研究月刊》以及其他期刊上发表了系列的服务营销研究论文。1992 年，FICSM 又出版了第一本年度系列的论文集，题为《服务营销学的进展》。该书由特里萨·斯沃茨、戴维·鲍恩和斯蒂芬·布朗编写，由 JAI 出版社发行。1993 年 6 月，在亚利桑那州立大学又召开了 AMA 教授联合会，会议的主题是服务营销。这已经是服务营销教授的第二次（第一次是 1985 年在得克萨斯州 A&M 大学召开的）聚会了，它为服务营销领域的顶尖级教授和研究人员提供了又一个论坛。

所有这些会议，专题研讨以及各大学研究院中心的建立都表明，产生于这个时期的研究动力还将持续下去，并更加强劲。

在挺进阶段，有关服务营销的书籍、期刊论文、会议报告及学术论文等文献的数量急速增加。这个时期的一个明显特征是，在优秀的营销学术期刊上登载了许多讨论整个服务营销研究的文章。从 1987 年起，《市场营销月刊》每年会发表 1—3 篇服务营销论文（而在 1980-1985 年，总共才发表了 4 篇）。《消费者研究月刊》在 1991 年首次刊登了关于服务的论文。这个阶段时期，《市场研究月刊》发表了两篇有关服务的文章，而同时，《零售业月刊》已刊登了 11 篇广义服务营销的论文。在这些声誉卓著的期刊中，《市场营销月刊》成为最主要的服务营销学术研究成果的发表渠道。此外，这个阶段还创办了两本有关服务营销和服务管理的专业新杂志，它们是 1987 年创刊的《服务营销月刊》和 1990 年创刊的《服务业管理国际月刊》。

随着期刊文章的迅猛增加，挺进阶段服务营销学术论文的数量与前一阶段相比也翻了一番。由于一篇论文从定稿到在主要杂志上发表往往会有几年的间隔，因此，这个时期出现的大量学术论文意味着将有更多的期刊论文得以发表。

此外，高质量的书籍也层出不穷。不少作者是早期这个领域声名显赫的学者。1989 年，约翰·贝特森撰写了一本全新的服务营销教科书——《管理服务营销》。1992 年，该书发行了第二版。而克里斯托弗·洛夫洛克 1984 年出版的《服务营销》教材也于 1991 年出了第二版。这两本书都收录了一些短小章节，并辅之以重印的阅读材料。洛夫洛克的那本更是编有不少案例。除了这两本教材之外，还出版了无数同服务营销密切相关的资料，比如有关顾客服务、客户关系管理、服务质量等的书籍。

这个时期的文献越来越多地体现了服务营销跨学科和国际性的特质。如果对发表在主要期刊上的任何一篇讨论服务的论文的总结部分进行研究，就会发现其引用的内容完全反映了以上两个特性。举例来说，在最近一期的《市场营销月刊》上，一篇关于服务环境的文章不仅引述了市场营销学期刊上的内容，还引用了许多来自于管理、人力资源、运营以及社会心理期刊上发表的研究成果。与此对应的是，在著名的《管理学会评论》杂志上，有篇关于管理协调服务组织的文章引用了近 20 次市场营销期刊上的文章。很明显，尽管服务营销领域的研究在不断深化，研究者仍倾向于从相关领域获得解决问题的方法并为服务营销学构建理论。

与跨领域特性相似的是，国际化特征也在不断发展。这不仅反映在许多文献的引用上，更体现于许多全球性的会议和出版物上，比如在英国出版的《服务业管理国际月刊》、QUIS 年会，以及在法国举行的每两年一次的夏季研讨会。

发表于期刊杂志上的文章现在越来越倾向于进行实证研究和理论探索。这与从前进行概念化的讨论与争辩的论文大相径庭。商品与服务存在着差异的观点已被认为是毋庸置疑的，研究者们开始将注意力集中在大量具体的商业问题上，这些问题都是由于服务有别于商品的基本特质所导致的。在这个阶段以前，获得高度重视的研究课题分散地出现在一些相对独立的研究出版物中，然而到了挺进阶段，这些主题有机地结合在一起，成为研究的核心内容。

（四）研究主题

1. 服务质量

到目前为止，服务营销学最重要的研究领域是服务质量。在过去的 10 年里，对服务质量的兴趣也就是对企业中质量、全面质量管理以及顾客满意度的重视。服务质量研究的根源基于早期欧洲学者的概念性研究成果，它与顾客满意理论息息相关。最近，绝大多数有关服务营销质量的研究成果，属于一直以来贡献卓著的先驱学者，如 A·帕拉舒曼、伦纳德·贝里和瓦拉利·柴特哈姆。在营销科学学院的支持下，这些专家为评估服务质量而设计了一套被广泛接受的概念框架即盖普斯模型，同时还设计了一种测量工具 SERVUAL。关于在不同行业 SERVUAL 的运用范围以及对 SERVUAL 中术语的准确性，学术界曾有过有益的争论，而且这场争论还是富有成果的，研究者们大多同意 SERVUAL 的度量项目对于整个服务的预测是行之有效的。这场争论表明了服务质量的重要性，并体现了对现在研究工作的意义。类似于这样的交流碰撞有助于完善服务质量的含义。

另外的一些研究人员则专注于对服务满意度进行实证研究，这是一个与服务质量密切相关甚至不分伯仲的课题。然而，尽管这两者之间联系紧密，学者们并没有给予它们相同的含义，在众多文献中，也没有哪篇文章对两者关联的程度做一个清楚透彻的分析，因此在不久的将来，必然还会对这些问题再进行探索和讨论。

2. 服务接触 / 服务经验

另一个重要的研究分支是服务接触 / 服务经验，卡尔宗把它称作"关键时刻"。这其中隐含的假设是：顾客对服务接触的感知是决定顾客满意度、质量感知以及长期忠诚度的关键因素。服务接触研究的重点是顾客与服务企业雇员之间的相互作用。最新出版的研究著作包括 1985 年西普里尔等人撰写的《服务接触》和 1985 年所罗门等人发表于《市场营销月刊》上的第一篇关于服务接触的文章以及在 20 世纪 80 年代初大量出版的会议论文汇编。

关于服务接触的研究可分为三种主要类型：第一是对于服务接触中服务双方相互作用的管理以及对顾客如何评价个别服务接触的认知。第二是在服务接触中，重点研究顾客的参与以及在服务的生产和传递过程中，顾客所起的作用。这类研究的根源是贝特森在 1983 年的作品中对自助服务顾客的早期研究。第三个有关服务接触的研究关注点是考察顾客对服务接触进行评估时有形的和实际的环境所起的作用。

3. 服务设计

因为服务是一种过程，所以在服务传递以及接收的各个步骤要体现对于市场营销的绝对重视。全面质量管理（TQM）的流行促进了对服务过程的研究，因为 TQM 本质上是以过程为向导的。然而，与制造企业不同的是，在推出新服务之前，服务行业一般不会采用严格的过程设计标准，同时由于人为因素#的存在，使得整个服务过程相对难以控制。因此，尽管在不久%的将来，这个课题可能会更受青睐，现在的大部分研究成果还力是以服务蓝图和服务路径图为主。这个领域的先锋人物是林恩肖斯塔克和简金曼布伦戴奇。服务蓝图与传统的运营流程图之%间最大的差别在于服务蓝图将顾客以及顾客的行为作为运营过 5 程的其余组成部分画在同一张图上，因此，整个服务运营的设计就好像是站在顾客的立场上而做的。

此外，还有其他一些人的研究提高了人们对市场营销作用—的认识，尤其是它在服务运营和过程设计中所起的作用和影响。

4. 顾客保留和关系营销

从 20 世纪 80 年代初开始，服务研究人员已将注意力投向如何吸引并保留顾客。关系营销意识到现时顾客的价值，并且相信对于现存的顾客，有必要向他们提供持续的服务，这样他们才会保持忠诚。对于市场营销人员来说，这与传统的营销方法是完全背离的，然而自 80 年代后期以来，有更多的研究将顾客保留作为主攻方向。

关于关系营销和顾客维系的研究形式多种多样。比如说，有些研究关注服务双方关系的架构，诸如相互信任和忠于彼此关系的承诺，以及探讨这种架构同顾客满意和忠诚的关系如何，其他一些研究者则专注于为了保留顾客，该采用何种具体的突破性战略，诸如，当服务失败后，建立一个行之有效的补救策略，或者提供服务保证以降低顾客风险和提高顾客忠诚度。还有两个涉及关系营销的研究专题，即对一个顾客的长期价值和失去顾客所导致的收入——利润损失的认识和量化计算；后面这几个课题（补救策略，服务保证以及顾客背叛的成本）受到企业界人士的欢迎，并有待于从更广泛的学术研究之中获益。

5. 内部营销

在内部营销的概念中包含着两个基本观点，而且这两个观点的核心思想在早期的服务文献中都有所提及。第一，"组织中的每个人都拥有一个顾客"。这表明对于一个企业，并非只有与顾客直接接触的员工才有必要考虑如何让顾客满意。组织中的任何人都有他（她）必须为之效力的顾客。第二，在员工有效地为最终顾客服务之前，他们必须像对待最终顾客一样服务于内部顾客并以此为乐。这两个观点表明市场营销中的一些工具和概念（如细分市场、市场研究）都可以运用到内部雇员身上。

内部营销的基本前提是满意的雇员（享受良好服务的内部顾客）会导致满意的顾客（享受良好服务的外部顾客），1990 年乔治对内部营销做了个精彩的总结，使得在商业社会里，关于内部营销的术语和概念迅速地流传开来。几年前，这些专用术语还是无人问津，然而现在，它们经常被提及或出现在商业出版社的刊物上。最近，有许多论述内部营销的文章见诸报道。

（五）持续的发展：对今后研究的展望

本节对市场营销中一个全新领域的奠基、发现以及合法化进行了忠实详尽的记录。更为引人注目的是，有关这一领域发表的文章、论文、书籍和学位论文的数量正急剧增长，因此我们很自然地想问：今后这门学科将何去何从？下一阶段的发展将会怎样？由于未来常常孕育于过去之中，我们有理由可以从现在的发展趋势中得出结论，并且我们还会借机对下一个时期进行预测、构想和憧憬。

根据过去的 40 年，确切地说是 15 年的历史，可以预测今后的研究将走向更广泛、更深入、更细致。在扩展范围的同时，将有更多非营销领域的理论和观点会被采纳引用，尤其是管理、运营和人力资源方面。这个趋势与企业界在其组织中打破部门职能界限的愿望是一致的，它有利于提高企业运作的效率。在服务行业里，这种消除部门间障碍的做法是尤其必需的。

关于拓展研究深度，在加强对当前这些课题的思考研究基础之上，进一步深入研究诸如服务质量、服务满意、服务接触和服务设计等课题。同样，今后的作品也会在理论研究和实证研究上加大力度，在更广阔的领域取得成绩。

近来，越来越多的学者进入测量、统计、决策支持模型的研究领域，可以预计今后将会出现更多定量化的成果。同时，由于许多企业家热情参与，帮助确定研究问题，支持学者的研究工作，对与服务研究相关的实践中的难题和管理上的对策的研究必将得到进一步发展。此外，研究者的队伍会有所扩大，将有更多来自于其他国家的学者们加入其中。还预见到，由于相互交流机会的增多，以及商业问题变得更为全球化，不同国家的学者们必会建立更加密切的工作关系，或者联手写作。

在学术研究者中，对于服务营销的兴趣也将有增无减。每年有大量的博士论文将服务定为中心论题，因此，将有更多的新学者在期刊上发表文章。此外，越来越多的成名学者及德高望重的专家们，将他们的研究兴趣部分或全部转移到服务问题上。正是因为对于服务问题的研究有实际意义，并且这个领域的题材丰富，许多新老专家都对这门学科心向往之。在此耕耘的研究者及实践者们集思广益，而关于服务方面作品出版的渠道也在不断拓宽。更重要的是，通过大学、协会以及商业事件，也使这些研究者在北美和欧洲有越来越多的机会进行相互交流和切磋。

下面的部分，将对两个方面做进一步的展望：一是那些已经存在，但会继续受到关注的老课题；二是一些新兴的具有潜力的新领域。

1. 服务设计与传递

在文献作品和实际操作中，服务蓝图及路径图受到了重视。但是，与有形商品的研发和制造相比，关于这方面的研究还是微不足道的。在工厂企业里，TQM正激励企业去发展和运用过程设计技术，以此将顾客与雇员的需求同过程设计的各个因素相结合，以使过程设计关注整个过程的服务质量。因此我们有理由相信，服务的流程再造、设计与实施将成为学术界和企业界关注的核心领域。服务营销学的学者们会不失时机地将顾客的需求融入服务的设计和传递中去。

2. 服务接触与服务经验

如前所述，最近出现了不少论述服务人员与顾客关系的文章。这说明服务接触或科特勒称作"互动营销"的重要性已为人所知。由于顾客的期望在不断攀升，可以预见，第一线的服务人员会更多地扮演咨询或推销的角色。换句话说，企业将不仅依靠这些代表提供服务，还要求他们为顾客排忧解难，收集关于顾客需求及偏好的信息，同时交叉销售其他服务产品。因此可以预见，今后关于长期服务经验的研究将超过对一次性短期交易经验的研究，同时，将有更多的注意力集中在服务接触中顾客关系的研究和企业质量及盈利能力等组织关心的其他问题上。

3. 服务质量与顾客满意

毫无疑问，在最近的服务研究中，最重要的主题非质量莫属。这种趋势将持续下去并将朝着更深入、更广阔的方向发展。希望将来的研究核心不仅是外部服务质量，还应扩展到内部质量以及这两者之间的相互关系。研究者可能对质量的动态性作更为深入的调查。他们将研究一段时期的若干次交易，并将对质量的衡量范围从个人服务接触扩展到整个企业直至整个行业，通过评估建立一个质量等级。因此，关于服务质量与顾客满意的研究从以前各自独立的状态走到一起（即使还称不上合二为一），今后研究的重要方向：是一方面将着眼于如何明确地建立起顾客满意与服务质量之间的关系，另一方面是对效率及雇员报酬作内部的测评。

4. 其他主题

以上内容是对过去时期观察后所做的合理预计，此外还预见到，在将来的研究中可能而且毫无疑问地将包含以下一些课题：

服务补救尽管 TQM 提倡的是"零缺陷"以及"在第一时间把事情做好"，事实上，服务提供者很难达到这个近乎苛刻的标准。与有形商品不同，服务不可能有百分之百的高质量，尤其是从服务接受者的角度为服务下定义时更是如此。这个事实说明在一些问题上需要有特殊考虑，比如顾客的抱怨行为，管理上对这些行为的应对措施以及雇员和顾客双方的交涉和解决方案。

反向营销这个主题强调的是服务提供者通过改善与供应商和卖主的关系，为最终顾客提供更高质量的服务。举例来说，有些企业要求供应商达到或超过它们为自己设置的顾客满意标准。到目前为止，服务研究者们都十分忽视价值增加链，而将精力集中于对最终顾客的研究。因此有必要将服务研究的范围拓宽，加入反向营销以及其他形式企业联盟的课题研讨。

内部营销与服务支持将雇员视作顾客的观点以及他们之间的交流与合作关系，虽然已在不少文献中有所涉及，却未得到广泛的研究。与此相关的另一个领域也应引起足够重视，那就是在内部提供一项服务以及关注外部市场（外购资源）等问题。例如，我们能否将外部顾客满意和外部服务接触的思想引入到内部服务上来？以及内部服务保证如何设计？也就是怎样使它们有效及在哪些方面做出保证？

模型化及测量的重要性现存的文献大量充斥着关于服务卓越、服务质量和相关问题的未经证实的原则，因而很少有证据可以证明，这些原则导致长期的顾客满意和盈利能力对于顾客满意与员工满意间联系的认识也有待进一步研究。更重要的是，理解这些原则及相关因素的不同测评手段和方法尚需进一步探索和提炼。比如，尽管 SERQUAL 在衡量服务质量方面广为流行，我们仍需要其他更为有效和精确的方式来测评这个重要构架。

技术注入当前服务学科已不知不觉陷入"低技术，高接触"的模式之中。由于对人与人之间高层交流的需要而使得一些作者公开轻视技术对服务营销的潜在贡献。然而在企业中，新技术正协助服务人员更好地工作，因为依靠它，可以更快地获取更多的信息，从而使服务者能够决定如何最好地为顾客服务。同时，技术还是组织结构设计以及服务过程规划的得力助手。因此，学者们有相当多的机会去打破忽视技术的陈规，研究顾客对高技术服务的相对偏好以及高技术与强感觉经验的结合等问题。此外，技术的影响力还体现在整个服务业、企业组织结构和商业运作方法之中，这些都有待于进一步的研究。

未来研究需要讨论的远不止以上这些课题，还有许多领域，比如顾客保留和顾客价值如何管理易逝性服务产品的储备与生产能力以满足供求、公共部门的服务质量和生产力问题等都可以被外人研究范围。在未来的服务研究中，学者们应该意识并重视来自于所处地之外的和营销学科之外的相关资料，以便取长补短。同时，一些其他领域，如运营管理、人力资源管理以及心理学的同行所做的研究与服务营销也是高度相关的。

第四节 电力市场营销

一、重新认识供电企业

在传统上，甚至到现在，我们都习惯于把供电企业看成是生产企业，更习惯于认为供电企业的业务是"卖电（商品）"。如果说，在厂网不分的情况下，发电企业与供电企业是"一家人"，笼统地认为电力企业（包括发电企业和供电企业）是生产企业并不算错，那么，在厂网分开后，再认为供电企业是生产企业就毫无道理了。事实上，供电企业是不折不扣的服务型企业，其销售的是服务而不仅仅是电力（商品）。

如果理解上述观点有困难，那么，让我们将供电企业与商店做一对比。商店销售有形商品，但从来没有人认为商店是生产型企业，将其划归服务型企业是毫无疑问的，因为它销售的商品并不是自己生产的。从商店自身的角度来说，顾客购买的只是它的服务；从顾客的角度来说，完全相同的商品，之所以在 A 商店购买而不在 B 商店购买，起决定作用的是前者的服务质量优于后者。从基本的运作过程（购买—销售过程）来看，厂网分开后独立的供电企业与商店并无实质性的区别。供电企业销售的电力，并非自己生产，而是购自发电企业，它自己所提供的，只是相关的配电、售电服务。在垄断经营的情况下，顾客只能从一个供电企业买电，别无选择，此时，电力成为决定性的因素，从而给人一种错觉：供电企业是"卖电"的企业，服务的重要性相对被忽视了。然而，如果供电领域有了竞争，情况就会发生变化。一般来说，不同发电企业生产的电力可以认为是无差异性的（既然能够上网，当然符合质量要求），至于能否把合格的电力按照客户的要求输送给客户，那就看供电企业的服务水平了。对客户来说，是供电企业的服务决定了电能质量、停电抢修质量、抄表收费及时性和准确性等指标。顾客选择从 C 供电企业而不是 D 供电企业购电，决定性的因素正是两家企业的服务水平，而不再是电力本身，因为客户从两家企业都可以买到电力。如果客户直接从发电企业购电，那么，供电企业提供的只是配电服务，只能收取过网费，服务的特征更为明显。

所以说，供电企业是服务型企业，是销售服务的企业。弄清这一点是非常重要，因为由此，供电企业的战略将以服务而不再是所谓的生产为中心，市场营销也将由商品营销转为不同于此的服务营销。

二、电力营销管理存在的问题

（一）电力营销管理的难点

（1）电网经营管理的难点——上网购电。在上网电价管理中，由于多年来一厂一价、一机一价的严格控制，使得同样质量的一千瓦时电量，从不同的发电机发出来将有不同的价值，而其价值的确定基本是依据其建厂的基建成本，具有代表性的例子就是近期投产的大型水力发电厂的上网价格远远高于火力发电厂，其原因就是投资大、新机还贷的负担重，由此加剧了购电价格市场的严重畸形。尤其值得提出的是，在较为复杂的上网电价中，恰恰没有最能反映供求特点和成本开支的峰谷电价，使后半夜的调峰完全是依赖行政命令。电网的购电与调度基本是一种政府行为，仍无法按照经济规律实施。

尽管"厂网分开，竞价上网"似乎已成定局，但在宏观的电源点投资及价格核算模式按部就班的前提下，实现全方位的、符合市场规则的"竞价"似乎很难。

要将"竞价上网"付诸实践还面临着一些比较棘手的问题。上网电价以还本付息的原则计个别成本，实施一厂一价、一机一价，使 20 世纪 80 年代后期起投建的大批现代化的、符合环保要求、运行成本很低的电源点，由于大规模的基建投资而取得了比老机组高出数倍的上网电价，导致了节能的比不节能的上网价格贵、水电价远远高于火电价的结果。如果实现"竞价上网"，新机组绝不是老机组的对手，国家大概也舍不得将成百上千亿的贷款付诸东流。因而"竞价上网"恐怕仍然需要一个过渡过程。这就给电网经营企业出了第一道难题——购电经营在宏观上无法按经济规律实施。也就是说，如果实现了厂网分家，电网经营企业的主要经营成本将取决于政府电力管理部门，上网购电的经营管理将成为电网经营企业的经营"苍白点"。

（2）电力销售的难点——售电价格。在几十年的计划经济模式中，由于电力销售价格的宏观调控功能被不断强化，使现行的电力价格十分不合理，较大幅度地偏离了其成本与供求关系。在售电价格中，其价格分类不仅承担统计部门所需要的行业分类功能，即工业（大工业、普通工业）、农业（一般农业、农业排灌）、居民生活（城市、农村）等，而且还有立足国家管理角度的"负担分配"功能，如对收入低（农业）耗电大（高耗能）

的用电实施优惠，且不惜亏本。这就形成了这样一种情形：同样用电，不同的行业却有不同的价格，同行业中不同的产品有不同的价格，同产品中不同的生产规模有不同的价格，甚至同规模中不同的产品用途和不同的投产日期也有不同的价格。尤其是近一两年来，电价的这种"调控功能"在不断强化，电价表不断复杂，不仅形成了用电企业之间的不平等竞争，而且使售电价格水平与某些行业的兴衰、气候的冷暖、雨水的多少等均紧密相连，使售电均价水准始终是一组事先得不到"解"的多元方程。随着售电价格复杂程度的增加，电力零售企业（供电企业）自身的售电成本也在不断增加，而且其经营管理的漏洞与盲目性也在增加，同时会导致了下网电价的确定更吃不准。

（二）电力营销管理的不足

电力营销管理无论在网省公司还是在地县供电单位，仍然处于一种麻木状态，刻意的谋略几乎谈不上，尽管近年来重视的程度在逐步加强。电力营销管理的落伍，已对电力企业的生存和发展在不同程度上形成了潜在的威胁。

（1）营销费用无源。由于计划式的生产型企业的惯性，电力企业的费用目前仍然是依据设备资产分割，使得营销费用没有来源。供电企业可以用大量的费用投向运行十分正常的变压器去"消除渗漏"，却不能划出营销费用解决卡脖子的业扩工程，理由很简单——没有渠道。电力无法像金融行业那样的大手笔，以销售收入百分比提取营销费用。

营销费用没有来源，导致了营销管理手段、模式、理念、水平无法跟上时代的步伐，仍然在吃垄断的老本。

（2）上网电价无峰谷。售电峰谷分时电价从 1985 年国家经委、国家计委、水电部、国家物价局下文开始，尽管全国各地发展不平衡，但这项工作走在前面的地区，目前却走入了死胡同。其主要原因是上网购电价没有峰谷分时电价。

由于上网电价没有峰谷分时电价，使售电侧低谷段电量的销售让利只有用高峰段的盈利来弥补。这又产生了一个怪圈，当价格杠杆刺激大量用电户有效地避峰用电时，供电单位出现了亏损，供电商不愿让用电户调峰，或是愿向无调峰能力的用电户执行峰谷分时电价。这与峰谷分时电价的初衷又是大相径庭。

（3）不平等售电竞争的威胁。由于国家和政府在售电电价以外加收了一定量的、合法的代征费，这无形是给自发自供企业的一种优惠。由于代征费这一价格杠杆，启动了一系列变种的联营自供，形成了不平等的售电市场竞争。尽管这种竞争起步不久，但对竞争中处于劣势的国电企业已形成了巨额损失，并且损失在急速扩大。

（4）优质服务缺乏内动力。尽管国电公司把 2001 年定为优质服务年，且采取了一系列行之有效的措施，但由于经营体制的关系使其缺乏内动力。其主要表现为：在"大锅饭"的体制下，以奉献基调搞优质服务，对自负盈亏的企业而言其持久性令人质疑。且一些承诺项目经不住仔细推敲，只给人一种轰轰烈烈的感觉。没有把优质服务作为提高企业效益的重要手段，没有把优质服务放到长久占领售电市场的战略高度去研究，没有立足于企业的生存发展把优质服务与企业和职工的切身利益相结合。

（5）营销手段落后。尽管供电企业在电力销售营业业务中大量应用了计算机技术，但就全行业而言，应用是零散的、低水平的，无法与银行、电信、民航、铁路等行业相比，也就给电力行业的发展以及电力用户都带来了障碍。

（三）电力营销管理的基本环境

（1）关于电网经营管理。无论电力行业如何改革，电网的天然垄断性是无法打破的，由此决定电网经营企业将始终在受控状态下经营，不可能有很大的施展空间。竞价上网预计不会有多少自由空间，而过网电价则一定在国家严密的控制之下。因而，企业经营状况预计将仍然保持着垄断行业的特征。

（2）关于零售经营管理。零售管理由于售电均价水平难测，相对有较大的经营空间与差异，但由于市场的规则定会引入强劲的竞争对手（如私营售电商），促使经营者向科学合理的管理模式发展，否则将会被淘汰。

（四）电力企业服务营销存在的问题

（1）服务思想认识不足，服务观念滞后。笔者在2001年中为工商管理班电力企业领导干部讲课时，围绕电力企业要不要进行优质服务及如何进行优质服务展开了一场讨论，还有为数不少的领导公开认为"在现实情况下，电力企业还不宜搞优质服务，优质服务投入太大，得不偿失"，而主张优质服务的不少同志，也是主张以企业为导向进行优质服务，没有真正树立顾客至上、以顾客需求为导向的服务思想。他们对服务营销缺少长远的、整体的、全局的认识，对眼前利益想得过多，观念比较陈旧落后。

（2）普遍存在服务的单一性、粗糙性与趋同性。服务的单一性，指服务的内容单一，如有些企业仍只重视传统的售电服务，忽视售后服务及发电与输电服务；服务的粗糙性，指服务不够深入、细致，走过场，搞形式主义，服务质量较差，难以使客户满意；服务的趋同性，指服务市场没有细分，采取无差异市场营销的服务策略，如向农电市场、工业用电市场、商业及服务行业用电市场只推出相同的服务内容与服务方式。同时，电力企业之间彼此盲目模仿对方的服务内容与服务方式，不能形成自己有特色的营销优质服务，难以满足客户日益提高的对电力企业服务的个性化与理想化要求。

（3）服务运行机制不健全，管理不规范。具体表现为：①管理体制僵化；②管理方法陈旧；③管理手段落后。

（4）服务承诺及优质服务的宣传不够，客户心目中的传统电力企业形象并未从根本上改变。不少电力企业已开始实行服务的承诺制，并努力使自己的承诺兑现，取得了优质服务的良好效果。例如，北京供电公司的十大承诺，贵州省电力公司让利与优质服务相结合，山东电力集团公司建立完善的服务机制，"追求卓越，服务真诚"。所有这些都值得我们去宣传，使社会公众深入了解电力企业的变化，在心目中留下电力企业良好的形象。

但近几年来，电力企业对电力品牌、电力优质服务及服务的宣传不够，各类媒体中的电力广告及宣传报道极少，以致从全国来看，特别是广大农电市场来看，绝大多数客户对传统电老大作风留下的印象还未从根本上消除。

（5）服务人员素质较低。一是人员的绝对数过多，经过高等学校培训的营销与计算机等专业人才相对较少，文化层次与学历普遍偏低，整体素质不高；二是职业道德素质不高，敬业精神较差，往往是要我干，我就干，而不是主动、热忱地为客户提供服务；三是技术业务素质较差，许多服务中的技术难题不能得到及时的触决。

三、服务营销组合

传统的市场营销组合主要包括产品（product）、销售渠道（place）、价格（price）和促销（promotion）四个元素，简称4P。针对服务的特点，在传统的4P上再加上三个元素：人（people）、过程（process）、物质表现（physical evidence），即构成服务营销的7P组合。

（1）产品。产品策略是指做出与产品有关的计划与决策。

产品是为目标市场而开发的、满足顾客需要的有形物质产品、无形服务或二者的统一体。包括产品实体、形状、质量、特性、品牌、包装、送货、安装、退货、维修、指导使用、产品担保等内容。

（2）销售渠道。销售渠道策略指如何选择产品从制造商转移到消费者的途径。包括销售渠道和方式、各种中间环节及供货的区域、方向和商品实体的转移路径和条件等。

（3）促销。促销策略指通过形式与媒介物宣传企业与商品、与目标市场进行有关商品信息沟通的所有活动，包括人员推销、营业推广、广告、公共关系等。

（4）价格。定价策略是关于为产品选定一种吸引顾客、实现市场营销组合的价格决策。包括产品标价、折扣、货款支付期限、付款方式、信用条件等。

（5）人。即在服务传送过程中发挥一定作用以及影响购买者态度的所有人员，包括企业员工、顾客以及在服务环境中的对客户有影响的其他人员。现在，人的因素逐渐被那些寻求创造附加值和赢得竞争优势的服务企业当作差异化的一部分。

（6）过程。过程是所有由服务创造并交付给顾客的程序、机制和惯例，包括与顾客有关的和企业员工自行处理问题有关的某些政策制定。过程的管理是改善服务质量的关键因素。

（7）物质表现。物质表现包括服务传送和企业与客户相互作用的环境，以及方便服务提供和交流的物质因素。

四、营销在服务领域的作用

对营销广告的研究表明，人们对服务的广告不如对有形产品广告更关注。对服务营销的研究通常只是国际营销学或者工业营销学的最后一个章节才提及。对此问题各有说辞，有形产品的营销在服务中不可照搬，或者虽然有效也还有所不同。

对服务的营销不可与有形产品等同对待，这种说法一方面简化了提法，另一方面却限制了把服务营销作为一种独立的文化去大力发展深化。20世纪90年代的趋势变了，关于服务营销的广告多了，但是大家都明白要走的路还很长。

至此，我们要问两个问题：①为什么一提起营销就以为是产品营销，而把服务营销放到附属地位上？②服务营销果真是处于幼稚期吗？

我们先来看第一个问题。对服务企业内部的营销批评可以上溯到很久以前。早期的研究结论是服务企业的营销职能和制造业企业的营销职能不可相比。主要结论如下：与制造业企业相比，服务企业是：①一般不在一个营销部内发展营销组合分部；②不进行竞争分析；③依靠内部机构进行广告宣传，而不是委托外部机构进行；④不制定营销计划；⑤不发展人员培训计划；⑥不做市场调研和营销咨询；⑦只从毛收入中拿出很小一部分用做营销的低成本投入。现在，该是改变以前那套做法的时候了，但是我们应该分析一下是什么原因使这种转变如此缓慢。

（一）需求过大

比如，大部分公共服务领域至今还是需求超过供给的，所以就没有引进营销基本要领的刺激，其实应该研究：①顾客预期的是什么；②市场出现了什么机遇；③确定标的；④适合每个标的的营销组合。是什么原因使服务的生产资源不能在满足需求时转为营销而接近原定目标呢？

这个传统带来了至今尚存的一系列后果：首先，营销在很长时间里都对服务解释得很少；其次，服务的营销负责人在机构中比起产品生产企业的营销负责人的地位要低很多。就是说，在服务领域里，营销负责人在很长时间里都比其他领域里的同事更不受到重视。

（二）缺乏竞争

在很长时间里，服务领域都缺乏竞争。很多企业都受到具有垄断性（独家经营的）法律保护，很多市场都有妨碍竞争对手进入的各种壁垒。很明显的一个结果就是没有这方面的数据。比起制造业来说，对服务的竞争的分析更笼统概括。当然，航空公司、银行、保险公司、供电公司等企业都必须提供数据，但是往往是大项合成的数据。简单说，对于产品，市场调研公司还能够按照销售的品牌和销售渠道提供数据，对于服务，它们却做不到，对缺乏数据的一个解释就是服务都是生产者直接销售的，而不是通过中介。

（三）近视的营销

不能赞同的一种老批评就是"近视的营销"。一些人认为服务企业的最高管理者常犯的错误就是把自己的目标确定为"业务导向"。换言之，就是不执行营销概念。比如一家电影院管理者，如果认为自己的业务就是如何"演电影"就错了，他应该想的是如何"让人娱乐"，好莱坞的许多电影在全世界的成功（配音复制和上映）就表明这种批评是站不住的。

劳洛克（LOVELOCK）（1991年）提出的解释是最尖端的。服务企业还不能拿出解决组织问题的办法来：如何把运作结构与营销结构结合起来。对于顾客的不满意，究竟谁是负责人呢？是提供服务的人，是运作结构，还是营销负责人？

（四）成本的计算

还有一个原因就是计算成本的困难，也就是对用于各种服务的资源的价格政策制定上的困难。由于可变成本在总成本中所占比例很低，大多都是一些固定成本，而变量比例的存在造成服务成本总有很大的无法确定的边际。带来的后果主要是：

（1）服务总成本的计算方法对其计算结果的影响很大。服务业的价格实际是按照供求关系的市场价格，而价格与实际成本的关系并不重要。营销负责人经常要按照自己并非责任人的成本销售服务产品。由于计算方法的影响，很难对营销结果进行评价。

（2）在需求下跌时，为了刺激需求，销售价格经常大大低于高峰期的价格。这也使人们不注意营销。总收入边际和一种服务产品或者一次服务的收入边际都不能作为效益指数，也不会被合作者所接受。

然而，今非昔比。对于在当今市场上进行经营的企业来说，也许更多的正面临着几十年来最激烈的竞争，而且这种势头还在不断地加剧，越来越多的企业发现，它们已经生产出了功能足够好、价格足够合理的产品，却仍然争取不到应有的目标顾客；甚至是今天才刚刚被顾客所接受和青睐的产品，到了明天就已"物是人非"，许多企业为此深为困扰。

随着市场环境和经营条件的变化，许多企业开始考虑必须采取更加行之有效的营销策略才能占领或保住市场，从而产生了"以市场为中心"和"以顾客为导向"的市场营销观念。它以充分满足顾客的需求为中心，以采取具有竞争性的策略为特点，成为当今最受关注，也是最多采用的一大营销理念，这种营销理念，可称之为"服务营销"。

服务营销是现代市场营销的一个新领域，服务是市场营销最基本的范畴。在市场营销学里，产品与服务之间并没有本质的区别，如果说服务是无形的产品，那么，产品无非是有形的服务。正如市场营销学家科特勒所指出："实体产品实际上是向我们传送服务的工具"，"营销者的任务是推销产品实体包含的利益或服务"。消费者需要产品并不是产品本身，而是需要产品所包含的效用（利益）或所提供的服务。如消费者购买自行车或摩托车，是因为它们可以提供交通便捷的效用和这种便捷所提供的服务。因此，一切产品都有服务的问题，产品的交换是效用不同的服务的交换。现代市场营销所强调的"价值"观念，事实上可归结为服务效用观念。忽视了这一点，就可能无法完成商品交易。

现代社会，市场由以商品为中心转向以服务为中心，服务继产品价格、质量之后成为竞争的新焦点。服务不仅在商品销售过程中和销售之后是必要的，而且在工业生产过程中就应该引起足够的重视。随着服务在现代企业经营中的地位日益提高，服务营销在整个市场营销中的地位便显得越来越重要。

由于服务具有无形性、差异性、不可分离性和不可储存性等基本特征，从而决定了服务市场营销与产品市场营销有着极大的不同。具体表现为以下几个方面：

（1）产品特点不同。如果说有形产品是一个物体或一样东西的话，服务则表现为一种行为、绩效或努力。由于服务是无形的，顾客难以感知和判断其质量和效果，他们更多的是根据服务设施和环境来衡量。

（2）顾客对生产过程的参与。由于顾客直接参与生产过程，使得服务推广可以有效地进行，成为服务市场营销管理的一个重要内容。

（3）人是产品的一部分。服务的过程是顾客同服务提供者广泛接触的过程，服务绩效的好坏取决于服务提供者的素质，也与顾客的行为密切相关。所以，人成为服务的一部分。

（4）质量控制问题。由于人是服务的一部分，服务的质量很难像有形产品那样用统一的质量标准来衡量，因而其缺点和不足也就不易被发现和改进。

（5）无法储存。由于服务的不可感知形态以及生产与消费的同时进行，从而使服务具有不可储存性。虽然生产服务的设备、劳动力等能够以实物的形态存在，但它们只是代表一种生产能力而非服务本身。如果没有顾客需要提供服务，就意味着生产能力的浪费；同时，如果服务需求超过供给能力，又会因缺乏"存货"而使顾客失望。所以，如何使波动的需求同企业的生产能力相匹配，便成为服务营销管理中的一个难题。

（6）时间因素的重要性。在服务市场上，既然服务生产和消费过程是由顾客同服务提供者面对面进行的，服务的推广就必须及时、快捷，从而缩短顾客等候服务的时间。而等待时间过长会引起顾客的厌烦，使其对企业的服务质量产生怀疑。

（7）分销渠道的不同。服务企业不像生产企业那样通过物流渠道把产品从工厂运送到顾客手里，而是借助电子渠道（如广播）或是把生产、零售和消费的地点连在一起来推广产品。这些渠道基本上附属于企业的生产过程，而非表现为独立的形式。

五、电力营销服务策略

（一）产品与服务差别化

电力企业提供的产品是单一的电能，一般不会开发不同品种、不同系列的产品，但在产品及服务差异化方面还是可以有所作为的。

（1）产品差别化。主要的产品差别化因素有：特征、工作性能、一致性、耐用性、可行性等。

特征。产品特征是指产品的基本功能以及对产品基本功能给予补充的特点。大多数产品都具有不同的特征。其出发点是产品的基本功能，即产品的标准化特征。然后，企业通过增加新的特征来推出新的产品。这样，电力公司可以提供多种可供选择的产品。如固定时段可间断的电力、随时可间断的电力、持续性的电力、分时段的电力等。电力生产商要能确定哪些是标准化的特征，哪些是供选择的特征，每一种特征都会有机会吸引一部分购买者的兴趣。

电力企业不仅要满足用电客户对电力数量不断增长的需要，而且也要满足其对电能质量上的要求。电网供电的电能质量是电力产品的重要基本指标，涉及发、供、用各方面投资者、经营者的权益，是电力产品特征的重要体现。

频率和电压是电能质量的重要指标：①我国规定电网交流电的额定频率是 50Hz。②国家标准 GB156—1993《标准电压》对电力系统标称电压、电气设备额定电压和电气设备最高电压作了详细规定；220—1000V 的电力系统标称电压及电气设备的额定电压为220/380V、380/660V 和 1000V；3kV 及以上的交流三相系统的标称电压及电气设备的最高电压见表 3-1。

表 3-1　交流三相系统的标称电压及电气设备的最高电压（kV）

系统的标称电压	电气设备的最高电压	系统的标称电压	电气设备的最高电压
3	3.6	110	126（123）
6	7.2	220	252（245）
10	12	330	363
（20）	（24）	500	550
35	40.5	（750）	（800）
65	72.6		1200

电压质量包括两个方面，即缓慢变化的电压偏差，电压波动和闪变。电压偏差是指电力系统电压缓慢变化时，实际电压三与系统标称电压之差。电网在运行过程中，频率、电压都可能＜与额定值有差别，波形也会发生畸变，把实际值与额定值之差称作偏差。偏差可以用有名值（如 Hz、V）来表示，也可用对力额定值的百分数来表示。波形畸变可以用谐波来定量描述。据此，具体的电能质量指标包括：电压损耗、电压偏差、无功功率平衡、标称频率、频率偏差、频率波动、电压波动与闪变、5 电力系统的三相不平衡、谐波等。

产品特征是公司实现产品差别化的极具竞争力的工具。有些公司在赋予产品新特征方面极富创新精神。日本东京电力公司是世界最大的私营电力公司，在日本，用电负荷季节性强、夏季日负荷率低、能源短缺，灵活的用电管理及电价制度是平衡这些矛盾的重要因素。日本东京电力公司目前执行了供需调整合同的制度，主要有年度、计划、随时、蓄能四种调整合同的制度。年度调整合同是一年间将负荷从白昼移向夜间的制度；计划调整合同是夏季电力供求进入高峰期时，有计划抑制负荷的制度；随时调整合同是供求紧张时因本公司的要求抑制负荷的制度；蓄能调整合同是将有蓄能设备的用电移抽夜间用电。而所谓调整合同，是东京电力公司在与客户订立供用电合同时，根据客户用电情况订立的正常使用电力或高峰使用电力的条款。这些措施都是为了开发出新的产品特征，来满足顾客需要。首先在行业中推出有价值的新的产品特征是参与竞争最有效的途径之一。同时，电力公司还应大力推进其宣传工作，引起社会的共鸣，从而形成品牌的独特风格，突出电力公司在众多能源公司中的与众不同。

公司应如何识别并选择合适的产品新特征呢？一种答案是公司与最近的购买者联系，询问一系列问题，诸如：您对电力产品的感觉如何？在您使用电力产品过程中有哪些不便之处？有哪些好的特征？是否可以增加一些特征使您更满意？这些特征是什么？您愿为每种特征支付多少价钱？对于下列其他顾客提到的特征，您如何看待？

这样就可为公司提供一系列产品潜在特征的名单。下一步确定是哪些特征值得创新。对于每一种潜在的特征，公司都要计算相对于公司成本的顾客价值。

工作性能。工作性能是指产品首要特征的运行水平。美国战略规划研究所对较高的相关产品质量的影响进行了研究，发现相关产品质量与投资收益之间有着较高的正相关关系，相关产品质量较高的公司要比质量较低的公司多盈利60%。高质量保证了高价格，公司能从更多的用户重复购买、顾客对公司的忠诚、社会肯定的舆论、相对不高的运输成本中获利。同时公司还必须确定如何管理产品质量。

如果制造商不断改进产品性能，通常就会带来最大的收益和市场份额。涉及电力产品的质量管理主要是对电能质量的标准管理。电能质量的标准如下：

· 电压偏差的标准：执行 GB12325—1990《电能质量供电电压允许偏差》。10kV 及以下三相供电电压允许偏差为额定电压的 7%；35kV 及以上供电电压正、负偏差的绝对值之和不超过额定电压的 10%；220kV 单相供电电压允许偏差为额定电压的 +7%、-10%。

· 频率偏差的标准和规定：频率的规定有两个方面，即电源方面和负荷方面，要求供电方遵守的标准是 GB7064—1986《汽轮发电机通用技术条件》、《动力系统调度管理规程》以及《供用电条例》中的有关规定；要求需电方用电设备遵守的标准和规定实际上是要求用电设备的设计、制造部门，必须提供符合标准和规定的产品，也是需电方选购用电设备必须依据的技术条件之一，包括 GB1980—1980《电气设备额定功率》、国际发配电联盟的《低压供电特性》以及欧洲标准《公用配电网的供电特性》等。

· 电压波动和闪变的标准：执行 GB12326—1990《电能质量、电压允许波动和闪变》中规定在公共供电点的电压波动允许值以及 GB50056—1993《电热设备电力装置设计规范》中的相关规定。

· 三相不平衡的标准：执行 GB/T15543—1995《电能质量三相电压允许不平衡度》、GB755—1981《电机基本技术要求》。

· 电网谐波的标准：执行《电力系统谐波管理规定》以及 GB/T14549—1993《电能质量公用电网谐波》中的相关规定。

通过强化电能质量的管理，进一步巩固电力产品在能源生产市场上的高品质、高质量的领先地位。

维持电力产品的质量水平。电力产品质量水平的高低对电力系统及用电客户都有一定的影响。客户用电设备设计在额定电压时性能最好且效率最高，发生电压偏差时，其性能和效率都会降低，有的还会减少使用寿命；电力运行频率偏差对电力系统中的发电厂、负荷（电动机、变压器、电容器和电抗器、直流输电系统、继电保护装置等设备）都有不同程度的影响，使其不能正常运行；闪变会使精密产品的生产和产品质量受到损失；三相不平衡会对电力系统和用电客户造成一系列的影响，诸如引起多种保护发生误动作、使半导体变流设备产生附加的谐波电流、引起电网损耗的增加、造成变压器的附加损耗、降低矿热炉的效率、使照明电灯寿命缩短或照明不足以及电视机的损坏等；谐波会对电机、系统变压器和线路传输产生附加损耗，同时还会对继电保护和自动装置产生干扰。因此，如何维持电力产品的质量水平，对电力系统中的供电方和用电方影响都很大。保证电能质量的措施有以下几项，中枢点电压管理、发电机调压、变压器调压改变电力网无功功率分布（无功功率补偿装置的合理分布）、频率的一次调整（由发电机组的调速器进行调节）、频率的二次调整、安装补偿器、提高供电能力、改进运行操作和工艺、将不对称负荷分散接到不同的供电点以及合理分配到各相、增加换流装置的脉动数、装设交流滤波器等。

可靠性。由于电能的不可存储性，决定了电力商品的特殊性，即电力生产必须与负荷相匹配。但由于负荷变化的随机性和发、输、配电设备故障的随机性，就不可能保证绝对连续不断的供电，可能会出现紧急停电或有计划拉闸限电。

根据用电客户对供电可靠性的不同要求，我国将用电客户负荷分为三类。第一类负荷指的是重要的用电客户，如医院、政府机关等，享有最高的可靠性水平，第三类客户的可靠性最低，一般为居民客户和农村客户。介于其间的是第二类客户，供电可靠性水平一般。

但是在电价上，这三类负荷却没有区别，这是不公平的。在电力市场中，要体现对用电客户的公平性，就必须对不同供电可靠性的用电客户，制定不同的电价。

对用电客户进行供电可靠性分类的依据是用电客户的停电损失。一般来说，停电可分为突然停电和预安排停电，它们的停电损失是不一样的。一般所说的停电损失，是指突然停电所造成的损失。停电损失的评估，除对直接经济损失评估外，还应考虑到一些非经济性的因素，诸如医院停电可能造成医疗事故，煤矿停电可能威胁人的生命，体育比赛或政府部门的停电可能造成政治影响等。在停电损失的基础上，对用电客户进行分类，并给出定量的可靠性指标，如 0.1 天 / 年。对不同可靠性水平的客户，应收取不同的电费，因为不同可靠性的供电成本是不一样的。对客户来说，就是增加了选择的余地。客户可以选择通过支付较高的电费获取较高供电可靠性的电能（这可能比使用自备发电机或不停电电源合算）；也可选择较低可靠性水平的供电，少支出电费；当系统需要时，在自身条件允许情况下减少负荷，还可获得电价折扣的好处。对供电方来说，虽然少收了电费，但由于客户承担了备用费用，供电的总成本下降了。所以对供电可靠性水平进行分类收费，是对供、用电双方均有利的事，最主要的是它体现了对客户的公平原则。

然而，当客户选择了一定供电可靠性水平后，如果供电水平未达到，就应考虑赔偿问题。赔偿金额也可以按照《电力供应与使用条例》中的规定执行。

总之，卓越的产品特征能吸引顾客的注意力，提高产品的质量和工作性能，降低生产成本，并能更好地将产品的价值信息传递给目标市场。

（2）服务差别化。在难以突出产品的差别时，竞争成功的关键常取决于服务的数量和质量。区别服务水平的主要因素有送货、安装、顾客培训、咨询服务等，具体到电力企业则是业扩报装服务、日常营业服务、计量服务、用电检查服务以及咨询服务等项业务。

①业扩报装业务。业扩报装是指从接受用户用电申请，确定供电方案，组织外部（供电）工程设计与施工，对用户内部（用电）工程设计审核，竣工验收，签订供用电合同到装表接电的全过程。这一过程一方面是新的用户从电力系统取得它所需要的供电电源，另一方面也是电力系统不断扩充电力销售市场的需要。

业扩是电力销售的龙头，是电力企业面向社会的"窗口"。不仅如此，所有电费业务、电能计量、用电检查、负荷控制各部门的基础资料都来源于业扩。抓住了业扩就等于抓住了用电管理的主要矛盾。而业扩工作的重要指标就是报装接电时间，而业扩工程管理是实现加快报装接电的重要环节。它的工作好坏是创造有电用得上、需要用得上的先决条件，是能否及时满足用户用电的需求、开发用电市场、增加售电量、提高企业经济效益的关键。总之，业扩报装环节是培育新的用电增长点的重要环节之一。

随着社会的发展、人民生活水平的提高，要求业扩报装工作尽快走向规范化、标准化、科学化、现代化；要求为客户提供方便快捷、优质高效的服务。例如，为规范业扩报装工作，加强业扩报装管理，提高优质服务水平，华北电力集团公司于1996年12月颁发了《业扩报装工作标准（试行）》，经过修改完善，于1999年5月颁布了正式的《业扩报装工作标准》。

客户因用电需要，初次向供电企业申请报装用电即为新装用电；客户因增加用电设备向供电企业申请增加用电容量即为增容用电。

供电企业对本营业区内的客户有按照国家规定提供供电电源的义务，不得违反国家规定对营业区的客户拒绝受理申请和拒绝供电。客户申请新装用电、增容用电必须按照规定的程序办理手续。供电企业的业扩报装部门应在其营业场所内公告新装用电、增容用电业务的程序制度和收费标准。客户新装用电、增容用电必须报业扩报装部门办理手续，由业扩报装部门"一口对外"，其他任何部门不得办理此项业务。

客户办理高（低）压用电申请应持有关文件和资料到供电营业厅领取并填写"高（低）压用电申请书"，用电营业厅受理前，核对客户提供的文件和资料是否符合受理报装的要求，受理后，应分类登账，将申请书录入计算机，发放"用电登记证"，并将客户用电申请在2日内转方案员制定供电方案（受理高压客户临时施工用电报装时，应同时办理永久用电申请；受理高压客户增容申请时，应认真核对原供用电合同，核查原报装容量及计量装置安装情况）。

供电企业对已受理的用电申请，应尽快确定供电方案，并按规定程序批准后，在规定的期限内正式书面通知客户。供电方按确定的期限按下列要求办理：居民客户最长不超过5个工作日；低压电力客户最长不超过10个工作日；10kV单电源客户最长不超过22个工作日；10kV及以上双（多）电源客户最长不超过44个工作日。供电企业若不能如期确定供电方案，必须要有切实的理由向客户提出书面说明。客户对供电企业答复的供电方案有不同意见时，应在 15 日内向供电企业提出意见，双方可再行协商确定方案。

相关管理标准有：《业扩报装流程管理标准》、《新装、增容用电管理标准》、《变更用电及临时用电管理标准》、《客户受（送）电工程图纸资料审核及工程验收管理标准》、《业扩报装资料管理标准》等。

变更用电是指客户在不增加用电容量和供电回路的情况下，向供电企业申请改变其用电性质等事宜的业务。变更用电包括以下内容：减容（减少合同约定的用电容量）、暂停（暂时停止全部或部分受电设备的用电）、暂换（临时更换大容量变压器）、迁址（迁移受电装置用电地址）、移表（移动电能计量装置的安装位置）、暂拆（暂时停止用电并拆表）、更名或过户（改变用电户的名称）、分户（一户分列为两户及以上的客户）、并户（两户及以上客户合并为一户）、销户（合同到期终止用电）、改压（改变供电电压等级）、改类（改变客户用电类别）、复装（恢复原减容、暂停、暂换、暂拆的用电容量）等。

营销部门应适应新形势，树立新的营销观，在对外承诺的同时，内部工序之间也要有服务承诺，提高工作质量和效率；强化服务意识，真正做到以客户为中心，改革传统的用电申请、业扩报装等程序，以"用电管理信息系统"为支撑，实行业扩报装"一口对外"、"一条龙"服务，简化工作程序，工作流程实现"内转外不转"，提高办事效率，想客户所想，急客户所急，努力缩短用电报装到送电的时间，变被动受理为主动服务，变一次性服务为跟踪服务，切实为客户用电提供方便。客户的满意就是我们明天潜在的市场，通过服务水平的提高，促进用电市场的发展，同时树立电力企业良好形象；实行业扩报装项目经理制，负责全过程管理，全面组织协调，受理用电申请、确定供电方案、外部工程的组织及工程结束用电情况等，针对业扩报装和用户工程，10kv 及以上的用户供电工程设计方案，应该按安全、经济、可靠原则，制定本地区典型供电方案和设备选型原则，满足用户合理要求；设立营销专职，建立用户或大的开发商负荷预测信息网，及早掌握企业项目的动向，分析客户及用电负荷结构，提供为用户着想的知识服务，快速确定供电方案，为进入电力市场的竞争打下基础；执行国家能源政策，推广高效、低耗用电装置，及时推广节能技术及咨询服务；加强"售后服务"工作，举办安全用电义务培训，定期进行用电咨询与安全用电宣传工作；加强政策分析，把握好本地区经济发展趋势及特点，综合分析用电需求发展趋势及负荷变化特点，寻求电力市场新的增长点；加强与地方政府的联络和沟通，及时了解地区规划与经济投资项目，以便提供超前服务；开展电力促销宣传，充分利用新闻媒介和广告的舆论宣传效应，引导电力合理消费；可以借鉴香港中电公司在市民中大力宣传倡导的"无火煮食"和"智慧用电"活动，使全社会了解使用电能洁净、方便和安全可靠方面的优势，与其他能源竞争；加强电力营销网点的建设，合理布置营业网点，从"一切为客户"的思想出发，完善营销网络体系，实行"一口对外"使售前、售中、售后服务环环相扣，使电力营销网点最大限度地方便客户，有利于电力营销服务。

一般公司可通过四种途径取得竞争优势：即提供更好、更新、更便宜或更快的产品。

供电公司同样可以将重点应用于这些环节，诸如：更快的送电服务、更完善的用电协助服务。

②计量服务。电能计量是计量工作的重要组成部分，它关系到电能的生产者、供应者和消费者之间的直接利益，关系到国家能源的合理开发利用。所以在国务院公布的实行强制检定的工作计量器具目录中，就包含了电能表和互感器。按照计量法的规定，实行强制检定的计量器具必须由政府计量部门的计量检定机构检定，或者授权其他单位的计量检定机构检定，未按照规定申请检定或检定不合格的不得使用。

各级电能计量监督管理机构的任务，主要是负责贯彻执行国家计量法及其部门的有关规定，建立相应的计量标准；组织量值传递工作和测试工作，保证电能计量装置的可靠性和准确性；审查新装供电的电能计量方式和电能计量装置的设计及竣工后的验收等。

③用电检查，用电检查是指为了维护正常的供用电秩序，维护社会的公共安全而对用电客户用电实施的检查。用电检查的内容是：用户执行国家有关电力供应与使用的法规、方针、政策、标准、规章制度情况；用户受（送）电装置中电气设备运行安全状况；用户受（送）电装置工程施工质量检验；用户保安电源和非电性质的保安措施；用户反事故措施；用户进网作业电工的资格、进网作业安全状况及作业安全保障制度；用户执行计划用电、节约用电情况；用电计量装置、电力负荷控制装置、继电保护和自动装置、调度通信等安全运行状况；供用电合同及有关协议履行的情况；受电端电能质量状况；违章用电和窃电行为；并网电源、自备电源并网安全状况等。

④顾客培训和咨询服务。顾客培训是指对用电客户的有关职员（如单位电工以及电气负责人等）进行培训，使他们能够正确有效地使用用电设备。咨询服务是指销售商向购买者免费提供资料，建立信息系统，给予指导等。供电公司的营业大厅的各项服务措施及人员都应积极主动帮助顾客尽快用上电，从而能更快地得到盈利，这些快捷服务同时又能帮助顾客更有利地参与竞争，使得更忠实于供应商。

⑤修理服务。是指向产品购买者提供的修理服务项目。例如汽车购买者对经销商的修理服务水平十分关心。供电公司的报修中心即为完善该项业务而设立的机构，对报修中心承诺的各项服务应定期或不定期地进行检查和监督，从而扩大供电公司的知名度，为维护用电客户和电网的安全用电提供保障。

⑥其他服务。还可有许多其他途径来区分服务和服务质量，增加产品价值。公司还可以提供比竞争对手更优越的产品保证和维修合同，设立顾客奖等。事实上，公司用于和竞争对手相区分的服务和利益项目的数目是无限的。

（二）定价策略

1.服务定价的方法

除了传统的市场定价法以外，下面介绍几种向顾客传达服务价值的定价方法，它们是：效益定价法、满意度定价法、关系定价法和组合定价法。

（1）效益定价法。

这种方法以顾客的收益作为定价的依据，充分揭示并传达了服务的价值。下面是某管理顾问公司的"企业辅导绩效收费定价法"。

①以贵公司所订之"品质目标"的"平均提升百分比"作为收费的基础（参见表3-2）。

表 3-2 收费参照表

提升百分比	收取费用	备注
<10%	不额外收费	
10%—20%	每项目标收取	
20%—30%	每项目标收取	
>30%	每项目标收取	您获取的利益也越大

②"品质目标"以贵公司关心的指标取其中两项，例如：成品不良率（批退率），客户抱怨次数或退货率、迟交率，但不含进料品质相关的指标。

③提升百分比的计算公式：

提升百分比 =1-（月平均 / 辅导前平均）

辅导前平均：计算至辅导导入的第一个月为止，三个月的平均值

月平均：认证前三个月的平均值（从正式实施日起开始计算）

（2）满意度定价法。

这种方法目的在于降低顾客的疑虑；即使顾客最终对服务不满，也可以得到降价或退款来保证。但这种定价法实施之前必须彻底分析由此带来的种种风险。

Bank One（美国第一银行）曾处于一个寻常的处境中，被迫设立一个信托部。1989 年，它购买了得克萨斯州一家破产银行。这家银行早已卖掉了其信托部。第一银行开拓信托部的经理们坚信，只有定位在卓越服务才能使自己初试啼声的业务具有竞争力。由于创业之初全无声誉，吸引不了潜在客户，高级经理决心无条件实行服务保证：顾客只要对服务不满，银行分文不收。结果，1989—1995 年间，4500 名顾客中只有 7 位不满服务并获得银行全额退款。

（3）关系定价法。

这种方法促使顾客加强与企业的购销关系，把一次次相对独立的交易行动变成了持续的合作关系，能够抵御竞争对手，与现有顾客更长久地做生意。

联合包裹运送服务公司（UPS）承接 Lands End（地板公司）的大部分订单已近 30 年。1994 年，它同地板公司签订了一项雄心勃勃的 3 年期合同，成为这家邮购零售商的主要承运商，使地板公司的平均运送时间减少了 50%。虽然运送的时间缩短了，运费却分文未涨。

（4）组合定价法。

这种方法是将两种以上的服务组合在一起销售。由于成本降低了，从而能使顾客相信：一起购买这些服务比分开购买要便宜一些。

1990 年，AT&T（美国电报电话公司）成功地推出了自己的万用卡（Universal），这

种优惠通话卡可以兼作信用卡。AT&T 从长话用户中选择有信用的潜在用户，创造性地把信用卡和长途通话两种服务合二为一，从而取得了巨大的成功。

2. 我国现行电价结构

电价水平、电价结构和电价监管是构成电价的三大内容。电价结构是指按用电客户用电不同的负荷特征、不同的地理位置、不同的时间、不同的供用电方式等因素，及对电力生产经营成本的不同影响，将电价分成分类电价、分电压等级电价、分时电价、两部制电价与单一制电价等类型。电价结构一般指销售电价结构。进入 20 世纪 90 年代以来，我国经济体制改革进程加快，而从总的方面来看，电价结构改革进展缓慢，与电价水平和电价监管相比，电价结构调整滞后于电价水平的提高和电价监管的改善。应当看到，合理的电价结构能正确引导用电客户合理用电和节约用电，有利于引导各行业的合理布局和发展，使电能使用社会效益最大。合理的电价结构，便于使电价监管行为的规范化，也有利于电价水平的有效形成。

电价按照不同的划分方式有不同的电价类别。按照生产和流通环节可划分为上网电价、互供电价、销售电价；按照用电时间序列可分为峰谷电价、丰枯电价、时段电价；按照用电类别可分为照明电价、农业用电电价、商业用电电价、非工业和普通工业用电电价等。

（1）按照销售方式制定电价。电力商品与其他商品一样，存在着批发、零售、代销与特殊管理的经营方式，在电力的管理上就叫趸售、直供、转供与开发区供电管理，并形成相应的电价。

①直供电价。是指电网经营企业按照国家批准的电价标准销售给用电客户电力，并直接和用电客户进行电费结算的电价。

②趸售电价。由财政属于地方的电力经营企业（一般是县级）从电网经营企业趸购（批发）电力，再按直供电价销售给本营业区范围内的用电客户，然后按实际比例和电网经营企业进行结算的一种电价。

③转供电价。在供电企业没有能力满足客户供电的情况下，委托其周围较大的、有转供能力的客户进行转供，由转供户在转供电价的基础上加收一定比例的转供费用，从而构成转供电价。此电价是协议电价，由供电部门、转供户、被转供户三方协商来确定。

④开发区供电电价。随着对外开放与市场经济的发展，各地区相应建立了各种科技园区、工业开发区，为进一步吸引外商，其电价形成机制和国际接轨，把电力增容的有关费用纳入电价机制，并由开发区所属地区物价主管部门批准，只适用于本开发区电力销售的一种电价。

（2）按使用条件制定电价。电力法规定销售电价实行分类电价，是指按照用电客户用电性质及用电特征而实行客户类型差别电价的制度。分类电价制度是世界各国都采用的电价制度，也是我国长期以来实行的电价制度，不同的国家分类的方法是不同的，有的国家分类较粗，有的国家分类较细。在我国，不同的电网分类的标准、形式、方法也不尽统一，如华北网现行电价分类的方法是综合行业、供电电压等级、用电设备容量和用电量分类、用电负荷率分类、电能用途等几个方面的基础上综合使用,其具体内容为:①居民照明用电电价。凡居民生活用的照明及家用电器均按居民照明电价计收。②非居民照明用电电价。凡非居民用电客户中的有关用电均按非居民照明电价计收(另有特殊规定者除外,如商业电价)。③普通工业、大工业和非工业用电客户中生产照明和办公照明用电。④普通工业用电电价。⑤大工业电价。⑥农业生产用电电价。⑦趸售用电电价。⑧商业用电电价。

(3)按电力固定成本的分摊情况制定电价。电力的生产、输送、销售是同时完成的,与其他工业企业有很大的区别,只要用电客户并网用电,不仅要使用电能(电量),而且占用电力(容量负荷),直接影响电网进一步扩大新客户并网的能力,电网总的供电容量就叫电力固定成本,也叫容量成本。政策规定容量成本对不同用电类别客户的分摊比例不同,从而形成了单一计量电价(也叫单一制电价)和基本费电价(也叫两部制电价)。

①单一制电价是按用电量多少计算电费的,它特别适用于成本中大部分是属于电量成本,而容量成本非常少的情况下的电价。两部制电价是以用电设备为基础计算基本电费和以使用电量为基础计算电度电费两部分构成的。不同地区对两部制电价执行的范围规定不同,我国有些地区只限于用电设备容量在320kVA及以上的大工业用电客户。

②两部制电价就是将电价分为两个部分,即基本电价和电能电价。基本电价代表电力企业成本中的容量成本,即固定费用部分。在计算基本电费时,以用电客户设备容量千伏安或客户最大需量千瓦为单位;客户每月所付的基本电费,仅与其容量或需量有关,而与其实际使用的电量无关。电能电价代表电力企业成本中的电能成本,即变动费用部分。在计算电能电费时,以客户实际使用电量为单位。两种电价分别计算后相加,即为客户所应付的全部电费。这种以合理分担容量成本和电能成本为主要依据,并分别以基本电价和电能电价计算客户电费的办法就是两部制电价。实行两部制电价计费的用电客户还应实行功率因数调整电费办法。

两部制电价的优越性。第一,能够发挥价格的经济杠杆作用,促进用电客户提高设备利用率,减少不必要的设备容量、节约电能损耗、压低尖峰负荷、提高负荷率。随着用电客户设备利用率和负荷率的提高以及客户功率因数的改善,必然使电网负荷率随之改善,并将减少无功负荷,降低线路损失,提高电力系统的供电能力。第二,客户合理分担费用,保证电力企业财务收入。由于电力企业发供用电的一致性特点,因而它必须为客户经常准备着一定的发、供电设备。这些客户不论用电量多少或用电与否,电力企业都必须时刻准备着满足他们的需要。基本电价和客户的设备容量最大负荷建立了直接联系,促进客户改善设备利用率和负荷率,说明了用电客户之间对电力企业成本的分担也是合理的。

两部制电价的实施范围。我国部分地区目前对工业客户设备容量在320kVA及以上者实行。公用事业除自来水用电外,电车、广播、通信、地铁等的设备利用率虽然不高,且用电比较集中,但由于其服务对象的特殊要求,用电时间受到限制,本着公平合理的原则,对它们实行非工业用电电价,实行单一制电价。

两部制电价计费办法。第一，以用电客户变压器容量（kVA）计算，不通过变压器的高压电动机，按其容量另加千瓦数（1kW 视同 1kVA），合并计算。第二，以用电客户最大需量（kW）计收基本电费，最大需量的计算是以客户在 15min 内平均最大负荷为依据。变压器经过改造提高出力，客户应办理增容手续，按改变后的容量计算基本电费。客户变压器正常运行负荷超过变压器铭牌额定负荷 5% 及以上者，超过部分按增容计算并办理增容手续，不办理手续者，按私自增容进行处理。

（4）根据特殊需要来制定电价。由于电网生产运行的特殊性，电力需求侧的管理除政策规定外，还要有相应的技术手段和经济手段，才能保证电网安全、稳定、合理地运行，优化电力资源配置，更大限度地满足社会用电的需要。

此种方法制定的电价有以下几种：

①峰谷电价。为使有限的电力对社会发挥最大的作用，制定峰谷电价，拉开负荷高峰与低谷期间的用电电价，从而起到电价作为经济杠杆的调节作用。

②丰枯季节差别电价。简称丰枯电价，也叫季节性电价。在水电比重占绝大多数的电网，水库的储存水量受季节变化的影响较大，丰水期和枯水期发电负荷相差较大，为提高丰水期电力的社会利用率，压低枯水期负荷紧张状况，制定丰枯季节差别电价，以经济手段迫使客户设备的检修放在枯水期。

③功率因数调整电价。因用电客户所使用电量只是电网运行中有功部分（电力）所做的功，另外还有无功分量，二者结合起来称作视在功率。为降低线路电量损失，提高供电电压质量，必须保证电网无功平衡，提高功率因数，使用电客户做到无功补偿就地平衡，特制定功率因数调整电价。

功率因数调整电费。电力负荷分为有功负荷和无功负荷。有功负荷主要是供给能量转换——电能转换为机械能、热能、化学能等过程中的有效损耗。无功负荷主要是供给电气设备、仪表、仪器以及供电设施电感负载交变磁场的能量消耗。在一定的电压和电流下，功率因数越高，其有功功率越大。因此，改善功率因数是充分发挥现有设备的潜力、提高设备利用率的有效方法。另外，如果客户功率因数过低，不但会影响发动机的有功出力，还会使电力系统电压质量低劣，增加损耗。为鼓励用电客户改善功率因数而增加的投资和开支，在依据功率因数调整电费办法中对用电客户总电费给予的减收比例作了明确规定。

①凡是大宗工业客户均实行依其功率因数高低调整电费的办法，目前一般按 0.90 作考核标准。

②客户功率因数不用瞬时值，而用加权平均值，一般以客户在 1 个月内所消耗的有功电能及无功电能进行计算。

③用电客户每月的加权平均功率因数高于或低于标准时，国家在"依功率因数调整电费办法"中规定了减收电费或增收电费的百分数。按照不同的用电类别电价，计算出当月全部用电电费后（基本电费和电度电费），再按照所订的百分数增减计算。

④按其他因素制定电价，如调节电价。调节电价是指在国家政策的允许下，由于某种

社会原因,在电价的基础上进行的一种加价。如电力建设资金、三峡建设资金、地方附加费等。

3. 我国电价体系中存在的问题

（1）考虑政策因素较多,考虑效率因素偏少。在电价分类上,基本上按用电客户用电行业和用途划分,这便于国家制定政策。但许多用电客户,如非工业、普通工业、农业等客户有多种用途用电,由于价格不同,尽管用电量不多,需分线分表计量,就造成人、财、物的极大浪费。

（2）各种用电比价关系不尽合理,急需调整。用电比价包括两个方面:一是不同类客户之间比价;二是同类客户不同收费体系（标准）之间比价。用电比价不合理突出表现在:两部制电价中基本电价比重太小,且实施范围偏窄。电压等级价差幅度偏小,基本上只考虑线损,没有反映不同电压等级投资成本差额。居民生活、非普工业、大工业等分类,电价间比价也不尽合理,没有按各类用电负荷特性和真实占用电力成本来制定,也不符合国家产业政策。

（3）繁简不当。对用电量少,客户数多的中小客户电价结构较繁;对用电量多,客户数较少的大客户电价结构相对较简。但总的来看电价结构偏简,没能充分反映用电客户用电负荷特性的差异性。

（4）没能体现优质优价这一市场经济重要定价原则。对供电可靠性要求较高的用电客户供电与一般客户没有区别。同时,也缺乏根据电网发电负荷曲线鼓励或抑制客户用电的结构信息。

（5）只有上网电价和销售电价,没有独立的输配电价格,成为建立竞争性电力市场的主要障碍之一。

4. 电价结构改革的原则

电价结构改革是在维持电价总水平不变的前提下,调整各类用电客户分类电价以及每类客户电压等级、时间等比价关系。电价结构改革应遵守四个有利于:

（1）有利于反映电能商品成本即价值和供求关系。电能商品的不同成本,主要反映在:对客户供电的电压等级不同,供电可靠性不同,即客户用电特性不同,因而占用发供电设备容量不同;客户负荷率不同（负荷曲线、利用小时）、用电季节不同和相应的每天用电时段不同,因而占用不同运行位置的发供电设备。

（2）有利于客户公平合理负担电能商品成本,不在客户间搞利益平衡,以有利于社会资源的优化利用,有利于国家经济发展。

（3）有利于执行国家产业政策和节约能源原则,有利于电网商业化运营。国家执行产业政策,应注意电能资源的优化利用和不损害电力企业利益。

（4）繁简适宜。大客户从繁,以最大限度地反映客户用电负荷特性和消费特点;小客户从简,以便于操作,提高效率。

电价结构改革不仅是个技术方案问题,更重要的,它是一个经济利益调整问题,加上我国电价结构改革严重滞后，问题复杂，欠账太多，这些决定了我国电价结构改革具有复杂性、长期性、阶段性特点，因此，我国电价结构改革的思路是：确定中、长期目标模式，制定分步实施步骤，突出近期方案。中长期目标模式应达到：

①电价用电客户分类主要以客户用电负荷特性来划分。

②客户用电可选择不同电价形式和标准。

③分时电价、可中断电价、高可靠性电价、分段递增电价等电价制度要广泛使用。

④电价分类的不同类之间、同类之间的比价要科学合理。

⑤繁简适当，尤其是对用电大户电价结构宜繁，以最大限度地反映其用电负荷特性。

近期方案以调整各类比价（差价）为重点，主要有：

①调整一户多价。将非工业普通工业照明电价和动力电价合并；调整农业电价，设立农业综合电价。

②调整两部制电价实施范围和基本电价与电量电价比价关系。

③调整电压等级差价。

5. 电价折扣与折让

大多数公司对于顾客提前付款、大批量购买、淡季购买等行为，都会调整其基础电价、制定优惠价格来回报顾客。

（1）现金折扣。现金折扣是对迅速付款的购买者提供的减价。例子如向工业用户提供（2，10，30），意思是支付期限是30天，但如果用户在10天内付清账单，就可以获得2%的折扣。目的在于提高销售商的现金流量，减少收回欠款的成本和坏账。

（2）数量折扣。数量折扣是向大量购买的顾客提供的一种减价。

（3）职能折扣又叫贸易折扣。当购买者愿意执行一定的职能时（如负责某地区的销售、收费、交账、存储等），向他们提供的折扣。对不同的贸易渠道提供不同的折扣（例如，趸售县的电价政策、转供电电价政策、代售电电价政策）。

（4）季节折扣6淡季时提供的减价。

（5）折让。对价目表价格的减价，如以旧换新折让是在顾客购买新产品的同时交回旧产品的一种减价，例如峰谷分时电价的低谷电价。

国家电力公司根据《国家计委、国家经贸委关于利用价格杠杆促进电力消费有关问题的通知》（计价格[1999]2189号文），结合电力公司的实际情况，为进一步开拓电力市场促进电力消费，对有关电价问题特向各分公司，各电力集团公司，各省（直辖市、自治区）电力公司下发《关于开拓电力市场促进电力消费有关电价问题的通知》（国电财[2000]114号），通知各电力企业利用价格杠杆，开拓电力市场，适当降低电价，促进电力消费，使其成为促进经济增长，提高电力企业经济效益的一项有效措施。要求各单位深入调查研究，分析市场需求，从实际出发，推出适合本电网开拓电力市场，促进电力消费的具体措施。结合国家产业结构调整政策，降低部分符合国家产业政策、达到经济规模的高耗电企业用电电价。

6. 促销电价特殊时间/事件定价

销售商在特定季节可以制定特定的价格来吸引顾客，例如电力商品的丰枯电价、峰谷电价等政策。

（1）现金回扣。鼓励客户在购买一定数量商品或在某一特定时期购买商品时，供电公司向客户提供现金回扣。回扣有助于供电公司在不对价目表进行降价的情况下增加销售。

（2）低息融资。供电公司不采取降价，而是向客户提供低息贷款。例如在大用电客户一次性缴纳有关费用较困难时，可考虑采用这种方式来吸引客户。

（3）保证书与服务合同。供电公司可以通过增加免费担保或服务合同来促销产品。如果客户愿意购买，电力企业将不对保证书或服务合同收费，而是免费提供或减价提供。这是降低电价的一条途径。

（4）心理定价。经营企业人为地对产品制定高价，然后再大减价。但在美国，这种折扣手段被视为非法。

7. 差别定价法

根据不同客户、不同产品形式、不同地点等定价。

8. 具体定价措施

大力推行峰谷、丰枯电价制度，扩大低谷、丰水期用电市场。各电力公司应高度重视低谷期电量、丰水期电量的利用，研究制定相关的促销措施，进一步完善峰谷、丰枯电价制度，充分挖掘市场潜力，提高能源的利用率。

对大工业用电客户和普通工业用电客户继续推行峰谷电价和丰枯电价，已经执行的要加大力度，尚未推行的要尽快报批方案，尽早实行。

对有利于环保和节能技术应用的用电，可制定相应的低谷优惠电价。

对有条件的商业和居民用电客户，可实行峰谷电价，制定较为优惠的低谷电价，鼓励低谷蓄热用电。

居民生活电价实行行超基数优惠，鼓励城镇居民多用电。

在电价水平较高、电力市场供大于求的地区，为鼓励电力与天然气、煤气、液化气等替代能源之间的竞争，对实行"一户一表、抄表到户"的城镇居民超过一定数量的用电量可以实行超基数优惠电价。具体办法由各省级物价部门会同经贸委、电力公司制定。

试行大用电客户向独立发电企业直接购电。应本着"合理补偿成本，合理确定收益，依法计入税金"的原则，积极开展输配电价研究，为大用电客户向独立发电企业直接购电创造必要的条件，探索改革措施，提出改革建议。经电力管理部门同意，在有条件的个别电网，可对个别特大工业客户先行进行试点。

（三）电力市场营销渠道选择

所谓市场营销渠道（Place）是指配合起来生产、分销和消费某一生产者的产品和服务的所有企业和个人。所谓分销渠道是指某种产品和服务在从生产者向消费者转移过程中，取得这种产品和服务的所有权或帮助所有权转移的所有企业和个人。有的中介机构如批发和零售商，买进商品，取得商品所有权，再卖出商品，所以称为买卖中间商；其他如经纪人、生产企业的代理商和销售代理商，则寻找顾客，有时也代表生产者与顾客谈判，但不取得商品所有权，因此叫作代理中间商；还有如运输公司、独立仓库、银行和广告代理商，帮助进行分销，但既不取得商品所有权，也不参与买卖的谈判，叫作辅助商。这些市场营销中介机构组成了市场营销渠道（也叫贸易渠道或分销渠道）。

设计了一个渠道系统要求分析消费者的需要、建立渠道目标及限制因素，确定主要的渠道替代方案和评价方法。下面对电力企业的两种渠道系统做简要分析。

电力企业的产品从供应方到消费方，中间需要经过若干流通渠道。全国城市供电企业或属网省供电公司的分公司，或属其子公司，营销渠道较为单一。目前我国电力销售的主要渠道有直供和趸售，对农电企业的分类多以隶属关系来划分。全国2384个县级电力企业中，国家电力公司直供直管的县电力企业716个，占总数的30%；趸售县电力企业1004个，占总数的42.1%；国家大电网外自发自供的县电力企业652个，占总数的27.3%；另外还有12个县不归水利、电力部门管理。

（1）直供直管县电力企业。直供是各省级电力公司按电力部门划定的营业区，以其下属的供电公司、供电分公司为营业单位，向所在地区的用电客户供应电力，与用电客户以供用电合同约定的方式供用电。直供是电力企业向客户供电的主要方式。

20世纪末，全国直供直管县用电量约2226.73亿kW·h，占全国县级及以下总用电量的54.46%。从全国范围来看，这些县大多处于经济比较发达的地区。这些县的电力企业人员素质较高，技术力量较强，管理水平相对较好，属于国家电力公司系统企业。但由于国家政策方面的原因，直供直管县是供电企业的一个车间编制，没有经营自主权，收支两条线，经营惰性大，缺少发展动力。

（2）趸售县电力企业。在县级地域内没有省市电力公司下属企业的地区，由隶属关系在县政府的地方供电企业，向所在地区客户供电。他们与地市供电公司之间是趸售关系。地市供电公司按国家规定的趸售电价向地方县级供电企业结算电费，县级供电企业按国家规定的价格向客户结算电费，趸售企业靠趸售与直供的价格差产生的利润维持和发展。

（3）自供自管县电力企业。国家大电网外供电的县用电量525.69亿kW·h，占全国县及县以下用电量的12.86%，主要分布在以小水电为主的西南和华中地区的广大农村，以及以小火电为主的河南等省。由于这些地区经济相对比较落后，大电网难以覆盖，当地政府依靠自己的力量兴办小水电站、小火电厂，并形成了地方小电网，实行电力自发自管自供，为发展当地经济和社会文明起到了积极作用。

根据《电力供应与使用条例》，地级供电营业区涵盖趸售县级的供电营业区，因此按原电力工业部电热价格的规定，趸售范围内的大客户或重要客户应作为供电企业的直供客户不实行趸售。这样的规定主要是利于集中管理，减少中间环节。

随着"两改一同价"工作的实施和完成，省级电网经营企业对趸售供电企业的管理逐渐加强，趸售县内用电客户，特别是农村用电客户电价高，供电可靠性不能保证的问题逐步得到解决，城乡电力市场出现大发展的良好形势。

（四）电力企业的沟通与促销组合

现代营销不仅仅局限于开发一个好产品，把价格定得很吸引人，并把它推出给目标顾客。公司还必须与它们的顾客沟通，而且沟通什么不应该随随便便、任其自然。对于大多数公司而言，问题不在于是否要沟通，而在于花多少钱和采取什么方式。

现代公司要掌握复杂的营销传播系统。公司要与它的中间商（零售商和批发商）、消费者和社会公众交流。接着，中间商与消费者和公众交流；消费者可以互相交流，还可与其他公众进行口头交流。同时，每一小组为其他各组提供反馈。

一个公司的总体营销交流计划（促销组合）由广告、人员销售、销售促进及公共关系混合组成；公司就是用它来追求其广告和营销目标的。这四种主要促销方式的定义如下：

①广告：对创意、商品或服务所做的有偿性非人员介绍和促销，形式不拘，经办人明确。

②人员销售：公司的销售人员为了完成销售和建立顾客联系所作的介绍。

③销售促进：鼓励购买或销售产品或服务的短期刺激行为。

④公共关系：通过获得高知名度、建立良好的"企业形象"，以及处理或阻止不利的谣传、故事和活动的发生，从而与公司的公众建立良好的关系。

每个类型由具体的工具组成。例如，广告促销包括印刷品、广播、户外广告和其他形式。人员销售包括销售展示、展销会和有奖销售。销售促进包括销售现场陈列展出、馈赠品、折扣、优惠券、专用品广告和商品示范。交流活动远远超出所有这些具体的促销工具。产品的设计、价格、包装的外观和颜色以及销售产品的商场都向买主传达了某种东西。因此，虽然促销组合是公司的首要交流活动，但是公司还必须协调整个营销组合，即促销与产品、价格和地点，争取最佳交流效果。

（1）营销传播人员需要了解他们想要争取的受众和他们想得到的反应。他们必须善于发掘广告信息，这些广告信息应考虑到目标受众会对此做出什么反应。他们必须通过能赢得受众的媒体推出这些广告信息；而且必须搜集反馈，以便估计受众对广告信息的反应。概括来讲，营销传播人员必须做到：明确目标受众；确定寻求的反应；选择广告信息；选择传达广告信息的媒体；搜集反馈等。

①明确目标受众。营销传播人员首先要做到对其目标受众了然于胸。受众可能是潜在的购买者，也有可能是目前的用户，他们是那些决定购买或影响购买的人。受众可以是个人、政府、群体、特殊公众，或一般大众。目标受众在以下几个方面对传播人员的决定有

极大的影响：说什么、怎么说、何时说、何地说以及由谁来说。

②确定寻求的反应。一旦明确了目标受众，营销传播人员必须确定寻求什么反应。当然，在大多数情况下，最终的反应自然是购买。但是，购买时要消费者经过长期考虑才能做出的决定。营销传播人员需要了解其目标受众目前持何种态度，以及需要引导到什么阶段。目标受众可能处于六种购买过程的帛任意一个阶段，一般情况下消费者在做出购买决策时都要经过以下六个阶段，即知晓、了解、喜欢、偏好、信任和购买。

营销传播者的目标市场对产品可能一无所知，也可能只知其名，或者略知一二。传播者必须首先让目标市场知晓和了解销产品。例如，尼桑公司在引进它的 Infiniti 汽车生产线时，首先开展了一项广泛的"逗乐"广告活动，使大众熟悉这一品牌。刚开始的广告只有车的名字，并不显示车是什么样式，这引起了好奇和知晓。以后的广告则向潜在的买主报告了这汽车质量高，有许多创新的特色，这样就建立了了解。

假设目标消费者知道这一产品，他们对此感觉如何呢？一旦潜在买主对 Infiniti 有所了解，尼桑的营销人员就逐步诱使这些买主对这种车产生更深的感情。这些过程包括喜欢（对 Infiniti 有好印象）、偏好（与其他牌子的车相比更喜欢 Infiniti）和信任（相信 Infiniti 是他们的最佳选择）。为了建立下面的情感和信任，Infiniti 营销人员结合使用了促销组合工具。广告对 Infiniti 与竞争性品牌的车相比具有的优点大加赞赏。新闻发布会和其他公关活动强调了这种汽车的创新特色与性能。经销商的销售人员告诉买主可任意选购，并说这些车货真价实，售后服务周到。

最后，目标市场中有一部分人就会信任这一产品，但是还不至于现在就购买。潜在的 Infiniti 车主可能会决定作进一步的了解，或者是等到经济好转时再买。传播人员必须把这些消费者引导到最后一步。办法包括提供促销价、部分退款或者是优惠等等。销售人员可以给挑选出来的顾客打电话或写信，邀请他们参观经销商主办的特别展示。

当然，只进行营销传播还不能建立消费者对 Infiniti 汽车的好感从而购买这种车。汽车本身对顾客而言必须是值得购买的。事实上，显眼的营销宣传会加快劣质产品的死亡。潜在买主对劣质产品了解得越快，对它的缺陷就知道得越快。因此，良好的营销传播要求做到"先是说得好听，后是做得好看"。

③选择广告信息。传播人员在明确了所需的受众反应之后，就着手发掘有效的广告信息。从理想的角度来看，文选信息应当得到注意、保持兴趣、引发欲望和获得行动（一个称作 AIDA 模式的体系）。在实际运作中，很少能有几则广告信息能把消费者从知晓一直引导到购买，但是这个 AIDA 体系说明了一则好的广告信息应具备的条件。

要整理出一则广告信息，营销传播必须决定说什么（信息内容）和如何说（信息结构及格式）。

·信息内容

传播人员必须发掘一种可以产生预想反应的吸引力或主题。吸引力有三种类型：理性型、情绪型和道德型。理性型吸引力与受众的自身利益有关。它们表明产品将产生预想的好处，例如表明产品的质量、经济、价值或性能的广告信息。因此，梅塞迪斯在广告中称它提供的汽车可以说是"举世无双的构造"，强调构造、设计、性能及安全。

情绪型吸引力试图激起能够调动购买的负面或正面情绪。宣传人员可以使用诸如爱、幽默、自尊心和喜悦等正面情绪吸引力。或者他们可以使用恐惧、罪恶和羞耻等吸引力来促使人们做他们应当做的事情（如刷牙、买新轮胎），或者阻止人们做不应该做的事情（如吸烟、酗酒、食用肥腻食品等）。例如，佳洁士有一则广告就是要引起轻微的恐惧："世界上有些东西是赌不起的"（龋齿）。宜动广告问道："如果你不能跑了，你会怎么办？"广告接着说明宜动运动鞋本身设计得可以避免受伤——"造得可以让你长久跑下去"。

道德型吸引力指向观众的是非感，常用于激发人们支持社会公益事业，如：更加清洁的环境、更好的种族关系、男女平等以及帮助穷人等。关于道德吸引力有一个例子就是"一角钱进行曲"活动："上帝把你造成一个完整的人。伸手援助那些上帝不曾造全的人吧！"

· 信息结构和格式

营销传播人员还需要为广告信息建立一个健全的结构和格式。对于报刊广告，传播人员必须确定标题、方案说明、插图和色彩。为了吸引注意力，广告人可以使用新颖独特的设计和强烈的对比；醒目的照片和大标题；特别的格式；信息多寡和位置；色彩、形状和情节。如果信息要上广播，传播人员必须选择措辞、声调和嗓音。传播银行业服务的播音员的"声调"应当与宣传优质家具的"声调"有所区别。

如果信息要上电视或亲自发布，那么所有这些因素外加人体语言都需要明确。主持人有意使用某些面部表情、手势、服饰、姿势以及发型。如果信息要登在产品或包装上，传播人员必须选定质地、香味、色彩、尺寸和形状。

④选择媒体。传播人员现在必须选定宣传渠道。宣传渠道分个人的和非个人的两种类型。

· 个人宣传渠道

通过个人宣传渠道，两个或更多的人直接互相交流。他们可以面对面、通过电话，甚至通过邮件交流。因为个人宣传渠道考虑到了个人的演说和反馈，所以效果良好。

一些个人宣传渠道直接由公司控制。例如，公司销售人员与目标市场中的买主取得联系。但是，这一产品的另外一些个人宣传可以通过不受公司直接控制的渠道与买主建立联系。这些渠道包括独立的专家——消费者的拥护者、消费者导购和其他人员一向目标买主做出声明。或者他们可以是与目标买主交谈的邻居、朋友、家人和同事。其中最后一个渠道是口头传播影响，在许多产品领域行之有效。

个人影响对于那些价格昂贵、风险大或别人十分容易看到的产品来说很有价值。例如，汽车和大宗家电的购买者经常直接向有经验的人讨教而不受大众传播的影响。

企业可以采取措施使个人交流渠道为其服务。例如，他们可以制造舆论向导——那些别人向他们征求意见的人——以优惠的条件向某些人提供这种产品。又如，他们可以与诸如本地有名的播音员、中学校长和当地机构的头目等等有影响力的社区成员进行合作。他们还可以在广告中利用有影响的人或者发掘有很高"谈话价值"的广告。

· 非个人宣传渠道

非个人宣传渠道是不通过个人联系和反馈来传播信息的媒体。这种渠道包括主要媒体、氛围和活动。主要媒体包括报刊媒体（报纸、杂志和直接邮件）；广播媒体（广播、电视）；以及展示媒体（广告牌、招牌和招贴画）。氛围是特别设计的环境，建立并加强买主购买某一产品的倾向。因此，律师事务所和银行的设计要考虑到传达客户可能看重的信任和其他素质。活动是安排好的事件，向目标观众传达信息。例如，公共关系部门安排记者招待会、首场演出、表演和展览、公共旅行以及其他活动。

非个人宣传直接影响买主。另外，使用大众传媒常常引起更多的个人宣传，从而间接地影响买主。宣传首先从电视、杂志和其他大众传媒流向舆论向导，然后再从舆论向导流向其他人。因此，舆论向导是站到了大众传媒和观众之间，并且把信息传播到那些较少接触传媒的人。这一点表明，大众传播人员应当把信息直接瞄准舆论向导，让他们把信息传播给别人。

⑤信息来源。无论是个人还是非个人宣传，广告信息对目标受众的影响还取决于受众如何看待传播人员。通过相当可信的来源传达的信息更有说服力。例如，医药公司要让医生们谈谈他们的产品的益处，因为医生是相当可信的人物。许多食品公司把促销宣传瞄准医生、牙医和其他提供健康保障的人员，从而激发这些职业人士向病人推荐他们公司的产品。营销人员还雇用著名的演员、运动员，甚至漫画形象来传达他们的信息。篮球明星迈克尔·乔丹使给他力（或译作"嘉得乐"）饮料，麦当劳快餐和耐克运动鞋销售量大增，巨星夏基尔·奥尼尔撑起百事可乐广告门面。

⑥信息反馈。宣传人员在发出广告信息后，必须对其目标受众的影响进行研究。这种研究包括询问目标受众的成员是否记得这一信息，看到多少次，记住了哪几点，对信息感觉如何，以及他们对该产品的公司以前和现在的态度。宣传人员还需要衡量广告信息引起的行为变化，即多少人买了该产品，同别人谈起它，或者去过销售商场。

营销宣传的反馈可能暗示促销方案的改变，或者产品本身的改进。例如，"波士顿市场"餐馆连锁店在进入新的市场时使用电视广告和报纸优等券，让该地区的消费者知道他们的餐馆并把消费者吸引过来。假设反馈研究表明某地区的所有消费者有80%的人记得见过"波士顿市场"的广告，并且了解该餐馆提供什么；其中60%的消费者曾在该餐馆就餐，但是仅仅20%的人表示满意。这些结果表明，尽管促销宣传正在建立了了解，餐馆却并没有给消费者所期待的满意。因此，"波士顿市场"在坚持其成功的宣传计划的同时，还需要改善它的食物或服务。相反，假设研究表明该地区的消费者仅有40%的人了解该餐馆，其中只有30%曾去就餐，但是80%吃过的顾客回头光顾，在这种情况下，"波士顿市场"餐馆就需要加强其促销宣传计划，利用餐馆的实力来建立顾客的满意。

（2）制定总体促销预算和促销组合。研究了计划传播方式并把传播内容送达目标受众的各个步骤。但是，公司如何决定总体促销预算？在主要的促销工具中又如何决定其分配来建立促销组合呢？

①制定总体促销预算。企业面对的最难的营销决策之一是花多少钱进行促销。百货业巨子约翰·沃纳梅克曾经说："我知道我的广告有一半浪费了，可我还不知道是哪一半。我花两百万美元做广告，但是我不知道这刚够一半还是多了一倍。"所以，各个行业和公司花多少钱进行促销大不相同，这也就不足为奇了。对于化妆品行业来说，促销开支可能是销售额的 20%—30%，而对工业机械行业则可能仅为 2% 或 3%。在某一特定行业中，有的花得多，有的则花得少。

一个公司如何决定它的促销预算？下面介绍四种制定各个总预算的常用方法：财力承受法、销售额百分比法、竞争均势法和目标任务法。

·财力承受法

有些公司使用财力承受法，这些公司根据财力所能承受的水平制定促销预算。小型企业经常使用这种方法，原因是公司不可能花它承受不起的费用去做广告。它们首先算出总收入，减去运作费用和资本支出，然后将剩余资金中的一部分用来做广告。

不幸的是，这种制定预算的方法完全忽视了促销活动为销售带来的效益。这种方法往往把广告放在花费重点的末位，即便在广告对于广告的成员极其关键时也不例外。结果是年度促销预算不稳定，也就很难制定出长期的市场企划。尽管财力承受法可能导致广告花销过大，但其结果往往是花费不足。

·销售额百分比法

另外一些公司使用销售额百分比法，即以目前的或预计的销售额的一定百分比制定其促销预算。或者他们按照单位售价的一定百分比确定预算。销售百分比法有它的优势。它使用起来简单，可以帮助管理层琢磨促销开支、销售价格与单位产品利润之间的关系。

尽管百分比法有上述优势，它却很难证明就是正确的。它错误地把促销视为销售额的结果而不是原因。预算概括可使用资金的多少，而不是根据机会做出。这种方法可能妨碍了需要增加开支来扭转销售下降。因为预算随各年度销售额而不断改变，所以很难做出长期计划。最后，这种方法并没有选择具体百分比的准则，只不过是依据过去的习惯或者参考竞争对手的做法。

·竞争均势法

还有一些公司使用竞争均势法，即根据竞争对手的促销费用水平制定本公司的促销预算。他们密切注意竞争对手的广告，或者从出版物或行业协会那里搞到本行业的促销费用估算，然后再根据本行业的平均水平制定其预算。

主要有两个论点支持这一方法。第一，竞争对手的预算代表本行业的集体智慧。第二，与竞争对手花费一样可以防止促销大战。不幸的是，两个论点没有一个合理。没有理由可以相信竞争对手比公司本身更清楚公司应当花费多少用于促销。各个公司情况大不相同，各自有各自的促销需要。最后，没有证据可以证明根据竞争均势做出的预算可以防止促销大战。

·目标任务法

最合乎逻辑的预算制定方法是目标任务法，即公司根据它运用促销所想达到的目标制定其促销预算。这种预算法包括：①明确具体的促销目标；②确定要达到这些目标所需要的任务；③估计完成促销任务所需的成本。这些成本之和就是所得到的促销预算。

目标任务法迫使管理人员研究出所花费美元与促销结果之间的关系的假定。但是这也是最难运用的方法，因为常常很难搞清楚哪些具体任务可以达到具体的目的。例如，假设索尼公司要为它的最新型摄像机在六个月的试销期建立95%的知晓度，它应当运用什么具体的广告信息和媒体计划才能达到这一目标呢？这些信息和媒体计划表要花多少钱？尽管这些问题很难找到答案，索尼的管理人员就必须考虑这些问题。

②制定促销组合。公司现在必须把总体促销预算分配给主要的促销工具，即广告、人员销售、销售促进和公共关系，它必须把这些工具认真地糅合成一个协调好的促销组合。同一行业中的各公司促销组合设计可能截然不同。例如，雅芳公司把促销资金的大部分花费在人员销售和直销方面，而露华浓公司则在消费者广告方面花费颇多。伊莱克斯公司挨家挨户销售它的吸尘器，而胡佛公司则更加仰赖广告和向零售商推广。下面介绍影响营销人员选择促销工具的各种因素。

·各种促销工具的性质

每种促销工具，即广告、人员销售、销售促进和公共关系，都有其特定的特点和成本。营销人员必须认识这些特点才能选择出正确的工具。

广告：各种形式的广告在总体促销组合中占有独特的地位。广告可以每次以较低的成本曝光，把信息传递到散布各地的买主。它还能够使销售人员多次重复某一广告信息，从而使买主接受信息并与不同竞争对手的信息进行比较。由于广告的公共性质，消费者往往把做广告的产品看成标准的和合法的产品；买主明白购买做广告的产品会被大众理解并接受。大规模的广告为卖主的规模、声望和成功做一些正面的宣传。

广告也非常有表达力，它使公司通过艺术性地使用图画、文字、声音和颜色大肆宣传它的产品。一方面，广告可以用于为某个产品建立一个长期的形象（如可口可乐的广告）。另一方面，广告可以引发快速销售（如西尔斯公司做的周末减价销售广告）。广告也有一些不足之处。尽管广告可以很快把信息传递给很多人，但广告不带个人色彩，不可能像公司的销售人员一样有说服力。

人员销售：在购买过程的某些阶段，特别是建立买主的喜爱、信任和购买行动阶段，人员销售是一种最有效的工具。与广告相比，人员销售有几个特有的性质。它涉及两个或更多的人之间的互相影响，这样每个人可以观察其他人的需求和特点，从而做出较快的调整。人员销售还可以建立各种各样的关系，从干巴巴的销售关系到更深的私人关系。干练的销售人员把顾客的兴趣牢记心中，以便建立长期的关系。最后，对于人员销售，买主通常觉得更有必要倾听并做出反应，虽然最后只是客气地说声"不，谢谢你"。

不过，这些独一无二的好处是来之不易的。销售队伍要求有长期的承诺，而广告则不同——广告可以打开、关掉，销售队伍就较难改变。人员销售也是公司最花钱的促销手段，实业公司平均每一次人员销售花费要超过两百美元。美国的公司在人员销售方面的花费高达广告花费的三倍。

销售促进：销售促进包含各式各样的工具——优惠券、竞赛、象征性优惠、附赠礼品及其他——每种工具都有许多独特的优点。它们吸引消费者的注意力，并且提供可能导向购买的信息。他们通过向消费者提供优厚条件或捐献，给予附加价值，从而给予刺激而引向购买，而且促销可以诱发快捷的反应。广告说"请买我们的产品"，而促销则说"请现在就买吧"。

公司利用销售促进工具来建立更强更快的反应。销售促进可用于使产品的报价引人注目，以及刺激销售。不过，销售促进的效果往往是短期的，在建立长期的品牌偏好方面往往效果不佳。

公共关系：公共关系具备几个独特的特点。它非常可信——新闻故事、特写及活动对于读者来说似乎要比广告更真实可信。而且公共关系可以影响那些回避推销人员和广告，但可能成为主顾的人——信息作为"新闻"而不是以销售为宗旨的交流抵达买主那里。而且和广告一样，公共关系可以使某个公司或产品引人注目。

营销人员往往没有充分使用公共关系，或者事后才想起要运用它。然而，精心策划的公关活动如果与其他促销组合成分结合起来使用将会非常有效而且经济的。

推动和拉引促销中做出选择。对两种战略作了对比。对于推动和拉引两种战略而言，给予各个具体的促销工具的相对重视程度也不尽相同。推动战略涉及把产品通过销售渠道"推动"到最终的消费者手中。生产者将营销活动（主要是人员销售和贸易促进）对准销售渠道成员，引导他们赊购这种产品并将它推销到最终消费者手中。使用拉引战略，生产者将其营销活动（主要是广告和消费者促销）对准最终消费者，引导他们购买该产品。如果拉引战略行之有效，消费者就会向销售渠道成员求购该产品。这些渠道成员也就会向生产者求购。因此，使用拉引战略，消费者的需求将通过各种渠道"拉引"产品。

有些小型的工业品公司只使用推动战略，而有些直销公司只使用拉引战略。然而，大多数大公司则把两种战略结合起来使用。例如，弗里托·雷公司利用大众传媒广告来拉引其产品，另外还利用一个庞大的销售队伍和贸易促进活动通过销售渠道来推动其产品。近年来，很多公司不断削减其促销组合中的拉引成分，从而更加倾向于利用推动战略。

尽管广告在商业市场中不如上门推销重要，但它的作用仍然很大。企业间的广告可以建立产品知晓和了解，引发销售并使买主放心。同样，人员销售对消费品营销行为很有帮助。这可绝不是简单的"销售人员把产品放在货架上，而广告则将它们拿走"。训练有素的消费品销售人员可以让更多的中间商接受某一品牌，说服他们让此牌子的商品更多地上货架，并且催促他们开展特别展示和促销活动。

买主准备阶段。促销工具的效果往往因为买主处于不同的准备阶段而有所不同。广告，加上公共关系，在知晓和了解阶段起主要作用，比销售人员的"冷冰冰的电话"更重要。

顾客的喜爱、偏好和信任则更多地受人员销售的影响，其次是广告。最后，交易主要是销售电话和营业推广达成的。显然，人员销售由于成本高，应当集中在顾客购买过程的后期阶段使用。

产品生命周期阶段。促销工具的效果还可能因为产品所处的生命周期的阶段不同而有所不同。在打入市场阶段，广告和公共关系适合于建立较高的知晓度，销售促进则对促进顾客的尝试有用。在发展阶段，广告和公共关系仍然有强大的影响力，然而由于需要的刺激减少，销售促进可以少一些。在成熟阶段，相对广告而言，销售促进再次变得重要起来。买主已经对品牌有所了解，广告只需提醒买主记住产品。在衰落阶段，广告保持着提醒水平，公共关系已不再启用，销售人员给产品带来的注意力已经微乎其微。但是，销售促进可能会继续有效。

（3）营销传播新变化。在过去的几十年里，世界各地的公司纷纷完善了自己的大规模营销艺术——向消费者大众销售高度标准化的产品。在此过程中，它们开发出行之有效的大众媒体广告技术，来支持它们的大规模营销战略。这些公司通常在大众媒体上投资数百万美元，这样它们通过一则广告就可以接触到数以千万计的消费者。然而，当前营销经理们正面临着一些新的营销传播现实。

①不断变化的传播环境。正在改变今天的营销传播面貌的因素主要有两个。第一，随着大众市场的分解，销售人员开始逐渐抛弃大规模营销，转而制定更加集中的营销计划，这些计划旨在与范围更窄的微观市场上的消费者建立更加紧密的联系。第二，计算机和信息技术领域的巨大进步加速了细分市场营销的发展进程。今天的信息技术有助于营销人员随时了解消费者的需求；有关消费者和家庭方面的更多信息比以前任何时候都更容易获得。

这种由大规模营销向细分营销的转化对营销宣传产生了巨大的影响。正如大规模营销把我们引入一个大众媒体传播的新时代，现在朝着一对一营销方式的转变正带领我们步入一个更加专门化和高度目标化的传播新时代。

鉴于这种新的传播环境，营销人员必须重新考虑各种媒体和促销组合工具的地位和作用。很长时间以来，大众媒介广告在消费品企业的促销组合中一直占据着统治地位。然而，尽管电视、杂志和其他媒体仍很重要，但是它们的统治地位却日益削弱。市场细分导致了媒体细分——那些能更好地适应今天的目标化战略的更集中的媒介大量增加。总之，各个公司都在逐步减少广泛宣传，而更多地利用狭窄宣传。它们运用日益繁多的集中宣传工具，努力打入各种不同的目标市场。一些观察家预测，在不久的将来，现在以广告作支持的大众媒体将会被联机服务和双向电视等一对一的、交互式营销媒介所代替。

②直复营销的发展。直复营销传播的新面貌在迅速发展的直销中体现得最为明显。现在，直复营销是发展最快的营销形式，它反映了一种朝着目标化或一对一营销宣传的发展趋势。直复营销是指与经过认真挑选的目标顾客进行直接沟通，以期得到他们的立即回应。通过直复营销，销售人员能够紧随细分市场的需要而随时调整营销产品及宣传。

直复营销人员运用多种不同的传播工具，除了常用的电视、直接邮件和电话营销以外，他们还使用一些强有力的新型电信和电脑媒体。他们经常混合使用这些工具，这样可以使消费者从对产品的最初知晓走向购买和售后服务。

· 直复营销传播的形式

直复营销的四种形式是：直接邮件与目录营销、电话营销、电视营销与联机购物。

直接邮件与目录营销：直接邮件营销指把信函、样品、彩页以及其他"空中推销员"按邮寄名单寄给可能成为顾客的人。邮寄名单是概括顾客名单制定的，或者由邮寄名单出版公司提供。这些出版公司能提供符合不同要求的人名——超级富豪、活动住房房主、兽医、宠物饲养者或其他任何人。

直接邮件很适合直接的一对一的宣传。直接邮件具备高度的目标市场可选择性、很强的针对性、灵活性，也便于估量结果。虽然它比通过诸如电视或杂志等大众媒体每接触一千人所需的费用要高，但是它所接触到的人更可能成为顾客。从书本、杂志和保险到礼品、服装、食品和工业产品等各种货品的推销中，直接邮件历来证明是成功的。另外，直接邮件还被慈善机构采用，每年帮助它们筹款达数十亿美元，占所有直接邮件所得款额的25%。

目录营销：目录营销是指通过给精心挑选的消费者邮寄目录或给商场配备目录来进行销售。一些规模庞大的综合商品零售商，如JC潘尼和斯比格通过目录营销来销售各种各样的商品。但是近来，这些大零售商们受到了成千上万种高度专门化市场的专门目录的挑战。结果多年运作没有盈利之后，西尔斯在1993年不再出版它长达97年历史的年度"大书"目录，转而发行几十种小型的、更加专门化的目录。

电话营销：电话营销就是利用电话直接向顾客销售商品，它已成为主要的直复营销传播手段。营销人员通过外向电话营销直接向顾客和企业销售其产品。内向的免费800电话则用于接收电视和广播广告、直接邮件或产品目录招来的订单。平均每个家庭每年要接到19个推销电话，要打16个订购电话。在1995年一年内，营销人员就花费了541亿美元用以给消费者和企业打外向电话，获得了约3850亿美元的销售额。1990年，美国电报电话公司共接到了不止70亿个电话。

电视营销：电视营销通常采取两种形式。第一种形式是直接反应广告：直复营销人员播出一些一到两分钟的电视广告，劝诱性地介绍一种产品并留给消费者一个免费拨打的订购电话。对于某一种产品，电视观众常常可以看到30秒的广告节目。这种直接反应广告对于做杂志、书籍、小家电、磁带和光盘、收藏品以及许多其他产品极为有效。

家庭购物频道——另一个电视直销形式——是指专门用于销售商品和服务的电视节目或整个频道。一部分家庭购物频道，如物美价廉频道和家庭购物网络每天24小时连续开播。在家庭购物网频道，节目主持人廉价出售从珠宝、灯具、可收藏的玩具娃娃和服装到电动工具和家用电器等不同商品，这些商品一般是该频道以清仓价格购得的。电视场面热烈，主持人又是按喇叭，又是吹口哨，不断赞赏电视观众的鉴赏水平高。观众拨打800电话即可选购物品。在系统的另一端，400名操作员负责接收1200多条打进来的电话，把订单输入电脑。48 小时内认购的商品即可发出。

联机购物：联网电脑购物是通过互动的联网计算机系统把消费者和销售人员联系起来而进行的。这些系统为制造商、零售商、银行、旅游机构等提供的产品和服务建立电脑化的目录。消费者利用一台家庭电脑即可通过电缆或电话线联网进入系统。

最新的联机销售媒体是一个称为互联网络的全球计算机系统，该系统规模庞大，方兴未艾。互联网络是 20 世纪 60 年代由美国国防部创建的，最初是想把政府实验室、承包商和军事设施连接起来。今天，这个巨大的公共计算机系统已经把分布各地的各种不同用户连在一起。只要有一台个人电脑，一台调制解调器和合适的软件，任何人都可以浏览互联网络上的成千上万的网页，以获得或分享各个方面的信息，或者与其他用户交流。

虽然大多数营销人员还没有真正销售他们的产品，但是因特网已经成为一个主要的销售新媒体。许多大大小小的公司都在建立自己的"网址"，提供有关本公司及其产品的信息。

· 直销数据库

建立一个良好的消费者数据库是直销成功的开端。营销数据库是指一组有关单个顾客或有可能成为顾客的人的有组织的数据，它包括地理分布、人口统计、消费心态和购物行为等诸方面的数据。数据库可用于确定潜在的顾客，为满足目标顾客的特别需求而定做产品和提供服务，以及维持长期的客户关系。最近的一项调查显示，大约有三分之二的大型消费品公司目前都在使用或建立这种数据库，以确定它们的营销方向。

虽然建立一个数据库需要大量的时间和资金，但是它一旦建成即可带来丰厚的利润。例如，通用电气公司建有一个数据库，它包括每个客户的人口和心态的数据，以及购买本公司产品的历史。根据这个数据库，通用电气的营销人员就能够推测某些特定客户已经拥有他们目前的电器多长时间，并且推测老客户可能再次购买他们的产品。他们能够估计哪些客户需要一台新的通用录像机、影碟机、录音机或其他电器，来与他们最近购买的另一些电子产品配套使用。他们还能确定最佳老客户，赠送他们礼品券或其他促销商品，让他们再次选购公司产品时使用。拥有一个丰富翔实的数据库使得通用电气能够确定合适的潜在顾客、预测顾客的需求、交叉销售产品和提供服务，以及奖励老客户等手段来招揽生意。

【案例 3-1】

中华电力公司以优质服务开拓市场

中华电力公司（以下简称中电公司）供电及客户服务部原总经理吕荣耀先生说，消费者的权益是选择，要选择就要反垄断，只有引入竞争，才能使企业提供最佳产品、更优良的服务和更低廉的价格。过去香港向美国打长途电话，由于垄断经营，每分钟电话费是 8—9 港元，现在有 9 家电话局开展竞争，

每分钟电话费只有 1.8 港元，充分说明引入竞争机制的好处。

当前电力工业的大趋势是：放宽管制，开放市场，引入竞争机制。电力工业面临着国

际性结构调整，让顾客有更多的选择已成为世界趋势。目前国际竞争加剧，影响内地及海外市场，独立发电公司数量增加。许多国家电力体制改革以后，一些发电公司被美国、法国买走。国际性结构调整的另一个特点——电力工业采用新技术，降低了进入电力市场的成本。

一、在市场竞争中面临的各种因素

中电公司认为在市场竞争中主要受三个方面因素的影响：

（1）社会因素：首先，是增长预测，对未来电力需求造成了正面和负面的影响；其次，是消费者权益及成本意识的增强，增加了公众审查监督和媒介的注意力。

（2）政治因素：首先，是公众环保意识的强化，迫使电力部门增加对环保设备的投入，致使电力成本上升；其次，是公众增加对电力价格的关注，构成未来电价增长的难度和压力；第三，香港第三期管制法则1993—2008年有效，存在着维持低电价的压力。1997年3月，港英原立法局批准的议案中，有三项针对中电公司，一是龙鼓滩燃气蒸汽联合循环电厂的后2台机组要推迟建设；二是中电公司电力需求预测产生错误，电力客户不承认损失，由中电公司股东承担；三是要求在香港电力工业中引入竞争机制，开放电力市场。这些议案对中电公司的影响可以说是相当大的。

（3）经济因素：香港电力需求放缓。首先，香港经济进入成熟期，电力需求增长放缓；其次，香港制造业主导经济转移为服务业主导经济；第三，香港的高通货膨胀及经商成本上涨，促使主要制造业客户到经营成本较低的地区，如内地的南部地区等。

二、软件比硬件更重要

吕荣耀先生还介绍了几项调查结果，他认为，硬件好搞，软件难搞，软件比硬件更重要。

（1）1996年调查欧美电力客户时，提出两个问题。第一个问题是：如果有其他供电公司可供选择，电价不变，你是否会转往其他供电公司？结果有33%的客户愿意转移。第二个问题是：如果其他供电公司可以提供更便宜的电价，你是否会转往其他公司？结果有57%的客户愿意转移。这就是说，电力工业引入竞争机制以后，客户有可能大量转移，竞争对于垄断性公司具有很大的威胁。

（2）为保持竞争力，您的机构主要改变什么？这一问题的调查结果是：进行全面改革的占58%，引进业务流程创新的占26%，多用承包商的占6%，简化运作程序的占5%，其他占5%。从调查结果看，几乎都认为要改进软件，这说明要保持竞争力必须在改进软件上下功夫。

（3）如果要您的机构去迎接未来的挑战，您认为最难应付的是什么？调查结果是：培训员工去面对竞争的占42%，增加股值的占21%，提供新的服务的占12%，保留现有住宅客户的占11%，保留现有工商业客户的占11%，削减成本的占2%。其他占2%。这个调查说明，要迎接未来的挑战最难的问题之一是培训职工。

三、竞争条件

吕荣耀先生说，适应不断变化的市场环境，满足不断提高的客户期望，是我们时时刻刻要研究的问题。世界上很多企业都在反复问这么几个问题：

- 这是一种什么生意？
- 向客户销售什么？
- 我们靠什么去竞争？
- 我们靠什么去满足客户的期望和要求？

电力工业竞争的条件是：

- 价格；
- 产品质量；
- 服务质量。

中电公司为了提高自己的竞争实力，采取了以下两项措施：

（一）基准比较

所谓基准比较，就是寻找世界上做得最好的电力公司，参考学习他们的做法，务必使自己达到好的成绩。中电公司曾派人前往欧美国家的公用事业机构考察，以建立新的服务指标。虽然中电公司目前的主要服务水平名列前茅，但仍然在继续努力改进服务，提高生产力，降低成本。

（二）文化变革

中电公司认为，要做好优质服务，必须首先从转变员工的观念做起，他们称之为供电服务文化变革。变革主要内容就是转变四个观念：

（1）称用户为客户。树立以客为尊的思想。

（2）将配电改称供电。要满足客户的需要，客户需要什么，就供应什么。

（3）将用电管理改为客户服务。树立起"优质服务＋优质产品＝必胜"的观念。

（4）将管制用电改为推广用电。就是要树立公司形象，吸引更多客户，向客户推荐优质用电产品和用电器具，更多更有效地使用电力，拓展电力市场。

文化变革的目的就是为开放市场、引入竞争机制做好准备，加强沟通、寻求共识，上下一心、齐心合力，提倡新思维、创造新做法，齐心共创新天地。提高员工自觉为客户服务的意识，一切从客户的需要出发。他们把"服务更周到，客户全满意"作为自己的理想，把为客户提供安全、可靠、经济的电力和快捷、方便、高效的服务作为自己的使命。

四、实施抄表到户

中电公司在供电和客户服务中，非常重视直接抄表收费到户工作。

（一）为什么要直接抄表收费到户

首先，这是电力供应的社会性和公用性所决定的。截至1996年9月，中电公司的客户有172.8万户。其中，住宅客户148.5万户，占总客户数的85.9%；商业客户15.2万户，占8.8%；制造业客户5.5万户，占3.2%；政府机构及其他3.6万户，只占2.1%。如果只对住宅以外的客户抄表到户，则丢掉85.9%的住宅客户，也就失去了供电的社会性和公用性。

其次，中电公司要"成为世界首屈一指的公共事业机构，令客户绝对满意"，向客户提供"更佳产品，更优良服务，更低廉价格"。如果不能做到一户一表，直接抄表收费，就会出现服务不周到，电费加价，客户不满意等。

三是对住宅客户实行递增电价、长者电费优惠和住宅晚间储热水用电特惠收费的需要。中电公司为促使住宅客户节约用电，对纯住宅用电实行递增电价，每一客户第一个200kW-h电价较低，次500kW_h电价较高，超过700kW«h电价更高，只有一户一表直接抄表收费到户才能实施。其他两种优惠电价也是如此。

（二）关于客户的定义

中电公司1997年3月编印的《供电则例》中。对客户做了种种规定。其中有一条很明确，即客户不能供电给第三者。规定是这么说的，"除事先获本公司书面同意，并遵照本公司可能规定的条件外，客户不得就任何代价或利益，将取自本公司的电力供给第三者或与其共用，也不得促使或准许或允许将取自本公司的电力，供给或转移或延伸至并非由客户独自占用的屋宇。"总之，客户都是终端用户，绝对不允许出现中间层，不允许客户转供和转卖。公司供电与客户服务部总经理吕荣耀先生说，中电公司原来实行电费递减制，用电越多，电费越低，客户愿意搞大户，客户越大电价越低，后来为节约用电，改为电费递增制，用电越多，电费越高，居民愿意分成小户，

于是怎么确定客户就成了问题。所以对于客户的定义，目前没有确切的答案，一般按公寓楼、写字间的自然套为单位，大套、小套都是一个客户。

（三）公寓楼和写字楼如何抄表到户

香港地面狭小，人口众多，公寓楼和写字楼很多，对于公寓楼和写字楼的抄表到户采取以下做法：

（1）由公寓楼、写字楼提供变压器房（香港称为火牛房）。物业公司在建造公寓楼和写字楼时，要与中电公司商量，安排并提供安装变压器的房子。变压器房子的尺寸由供电部门提供，房子由物业公司建设，产权也归物业公司，使用权归供电部门。关于中电公司安装设备的地方，在《供电则例》中有明确规定：

①当本公司认为有需要时，客户需于其屋宇或屋旁免费供给适当地方（包括有关联的大厦设施和防火设备）予本公司安装设备，作为供电及记录用电之用。客户应负责妥善保

养这些地方、设施及设备，以保护本公司的设备。

②在安装或修理本公司设备之后，就掘地进行的地面永久补地工程，将由客户自费负责。客户如未做补地工程，本公司可代为执行，而该客户则按照本公司开列的账单支付费用。

③如要求本公司迁移设备，而本公司又同意时，该客户需交付迁移费用，并退还一切支出予本公司。

④客户提供的地方，必须符合一切适用的政府规例和本公司的要求。

⑤本公司可于任何合理（及任何紧急）情况下进入客户屋宇，检验和维修本公司的设备及抄表。客户不得设置任何装置妨碍本公司接近设备。

此外还对客户干扰或擅自更改公司设备的处理办法做了规定。

（2）配电变压器及变压器到用户的总开关柜的电缆，由中电公司提供、安装及维修。

（3）公寓楼、写字楼楼内的上升总线，每个楼层的分线由物业公司建设、维护和管理，产权属物业公司，但上新总线和分线的线损由供电部门负担。座谈会上有人询问，上升总线和分线由物业公司管理，出现窃电怎么办？为什么供电部门不把它接过来？吕荣耀先生说："香港住宅户不存在窃电问题。中电公司供电区内，如果要把上升总线和分线的产权都买过来，要花25亿港元，并且每年需维护检修费4亿元。交供电部门管理，计入电价，当然比较好，但中电公司不愿承担。因为现在有些老房子，客户的家用电器不断增加，上升总线和分线的输送能力不足，如要改建，让客户出钱，客户就不愿承担，改建扩容问题不好解决。

（4）客户电表和楼内公用装置用电的电表均由供电部门提供、安装、维护和抄表。电表外的上升总线和分线是物业公司的，电表进户以后的室内线路是客户的，室内线路改造由客户自己负责。公用装置指为公寓楼、写字楼配套的电梯、水泵等设施的用电，由物业公司交电费。

（5）关于是否安装总表。中电公司在工业区供电时，在变压器出口要安装总表，抄表时总表记录的用电量要与各分表之和对照，如果差额过大，就要研究改进供电系统和查窃电。在公寓楼和写字楼一般不会存在窃电问题，所以不安装总表。

五、服务与利润连锁系统

中电公司员工的工资、福利与售电量无关，甚至公司的利润也与售电量无关，在这种情况下，他们是怎样激励员工提高服务水平，又是怎样看待服务与利润的连锁关系呢？

中电公司供电及客户服务部戴乾君先生说："一个公司的成功与否，主要看为客户服务。过去我们把注意力放在提高生产力、开拓电力市场上，现在我们把注意力放在客户服务上。"

中电公司的服务与利润连锁系统是这样的：首先，建立内部服务的品质系统及程序，这一系统既能规范员工的行为，又能激发员工的工作热情和积极性。这样，员工才能给予客户关怀备至的服务。然后，才能有业务的增长及盈利能力的提高，盈利能力提高后，才有资金投放到发展生产上，这是一支循环不息的链条。

六、内部服务品质系统及程序

内部服务品质系统主要是建立制度、改革管理和建立创新的业务流程。

中电公司高水平的生产力和高质量的服务水平离不开全体员工。所以，首先一定要给员工营造一个良好的工作环境，使他们满意开心，自觉并自愿付出。具备了这种条件，员工们才能给予客户关怀备至的服务。中电公司注意提供服务的保障制度，主要是工作效率、基本工具（包括资讯系统、业务流程、工作守则）、工作环境及工作岗位的设计。

服务系统主要是满足客户的要求，同时还要为内部员工服务，把内部员工也看成客户。电力系统要通过发电、输电、供电最后供给客户，供电部门站在最前沿，好的服务制度能够把客户的期望都吸收进来，根据客户的需要来改进工作。电厂的员工不接触客户，所以要有很好的电脑系统，把资料信息输送到其他部门，为客户服务。

第五节 "互联网+"电力营销策略

一、"互联网+"营销的重要性和必要性

在我国，"互联网+"营销服务工作已成为国家电网公司近几年的重点工作之一。其旨在利用"互联网+"的思想改造传统模式下电网营销服务手段，建立服务沟通渠道，创新业务体系，将更进一步地推进营销管理朝着自动化以及信息化的趋势发展，现场作业线上化、标准化，推动着客户服务更加具有互动性。

目前，随着商品经济的发展，市场营销的理论基础已从早期的"利润最大化"转变成"顾客利益最大化"的观念。因此，"互联网+"营销是符合新时代下市场经济发展要求的。信息时代下，顾客可以通过互联网获得大量信息，进而对产品进行比较。而在大数据时代，关于信息的甄别显然成了让大众头疼的事。此时，企业的信誉以及品牌变得非常重要，而"互联网+"的营销策略显然是提升企业品牌和声誉的好方法。国家电网始终如一地坚持着自己的企业形象，成为奥运会、世博会的合作伙伴。"互联网+"营销是市场竞争朝着透明化的方向发展，"互联网+"的营销方式为企业与企业、企业与顾客、顾客与顾客之间创造了更加良性的竞争环境。集售前咨询、销售、销售服务三位于一体的网络营销平台支持顾客进行访问和点评，促使企业将更多的精力放在产品的研发、质量以及客服满意程度这些方面，这样有效地避免了恶意竞争。"互联网+"营销使产品价格变得更加合理。供求关系决定着产品的市场价格，但市场对产品存在着部分延迟以及失真，使得产

品的价格并不一定都是及时有效的。"互联网+"营销方式的出现使得顾客享受到在线议价、在线拍卖竞争等多种及时有效的定价方式，促使企业制定出更加理性、合乎实际的产品价格/现行的电力上网价格一般采用的都是"一厂一价'然而.随着分布式电源的上网，这种定价方式已然不能满足如今的市场需求，而"互联网+"这种可以在线议价的营销方式正好解决了这一难题。

在如今智能电网与分布式电源发展的大趋势下，需要科学地细分我国的能源市场结构，增强"互联网+"营销技术支持系统功能，制定有效的电力网络营销策略。这也是构建智能电网下电力企业营销体系的重要元素。

二、如何开展"互联网+"电力营销

自2002年后，电力行业破除了独家办电的体制束缚，从根本上改变了指令性计划体制和政企不分、厂网不分等问题，初步形成了多元化的电力市场体系。但是如今的电力行业仍然存在着一系列问题，需要进一步深化改革来改善。

2015年政府工作报告中，李克强总理提出制定"互联网+的行动计划，要通过大力发展互联网经$创新思维，为完成经济社会跨越式的发展而努力。可以从下列几个方面来开展"互联网+"的营销策略：

（一）业扩报装全流程管控工作

要加强"掌上电力"手机APP、95598网站应用推广的力度，需要建立在线业务受理和管控团队，并明确其岗位职责，引导客户利用线上渠道办理业务，提高线上业务的比例。要做到对跨专业、跨部门进行全流程、全环节的实时监控并加大业扩的回访管控。全面打通营销系统与企业门户、ERP、PMS2.0、规划设计平台、规划计划平台、公司级项目管理平台、基建管理等系统的集成，加强省营销业务管理平台业扩协同管理环节视图、部门视图客户经理等功能模块的优化和应用，完善线上评价、项目储库管理功能，实现电网资源信息公开、供电方案备案会签、接入电网受限整改、电网配套工程建设、停（送）电计划等协同业务环节由线下传通转为线上流转。促进业扩报装对外信息公开、透明，对内工作效率与服务质量提升。

（二）推动互动渠道的建立、完善以及推广工作

要注重引导电子渠道，重视国网统推渠道的推广应用，必须实事求是，杜绝弄虚作假。互动渠道的推广工作必须以实事求是为前提，严禁通过不正常渠道虚假绑定的行为。

（三）注重大数据分析的应用工作

在大数据系统的使用方面，在用电统计分析、产能利用率监测、业扩用电趋势分析等主题上皆有了较大使用。此外，还应用在信用系统方面，有序开展电力客户信用评价和管

理，提高社会关注度。

（四）跨界公共服务应用工作

跨界公共服务应用的工作主要是充电站桩建设、智能家居推广、客户侧储能、电能替代和节能业务推广、企业能效检测、多表合一的信息采集建设和商务运营等工作。

（五）全面实施业务流程优化和在线办理

全力推广线上办理新装、增容和用电变更等业务，优化高压 8 类常用业务（高压暂停、暂停恢复、改类基本电价计费方式变更、改类调整需量值、高压增容、减容、减容恢复、高压更名）和低压全业务（新装、增容、更名过户、销户、居民峰谷电价变更、表计申校、计量装置故障等）线上业务办理流程；开发完善费控客户在线签约、在线购电充值和远程电量下发、自助复电申请等功能，支撑多渠道与费控客户实时互动；完善电费电子账单、电子发票、用能分析、停电到户通知等在线服务功能，拓展"电e宝"扫码支付、代扣代充、企业用户"电e宝"线上交费功能。

（六）推进公司线上渠道互联互通

加快线上渠道推广应用，有效利用"电e宝"电费小红包、交费盈、电力积分等营销产品，开展渠道推广引流和精准营销活动；开展"电e宝"实名认证服务，加快推动电费充值、充电支付、电商购物"一卡通"应用；推进公司"掌上电力"手机APP、"电e宝"、95598网站、国网商城和车联网等线上渠道的账户统一，实现客户"一次注册，多渠道应用"，通过H5方式实现"掌上电力"手机APP与"电e宝"之间全功能互联互通，具备客户通过登录"掌上电力"手机APP与"电e宝"其中一个客户端即可实现全功能应用。

（七）开展可视化报修服务应用

全面推广"掌上电力"手机APP可视化报修服务，进一步优化系统架构，精简抢修流程。"掌上电力"手机APP电力报修应用，会同运检部门，完成配网抢修移动应用部署。开展抢修人员实名注册、权限分配、信息导入和APP使用培训等工作，实现从"掌上电力"手机APP、95598、营销服务应用系统到PMS2.0及其配抢移动应用的全面贯通，实现抢修人员随时定位，抢修路径实时查询，抢修进度实时互动，加强可视化报修数据分析，基本实现"五个一"抢修服务。

（八）实现服务信息精准推送

开展电子渠道统一消息管理，通过"掌上电力"手机APP、"电e宝"、95598网站等电子渠道，实现业务办理、量价费查询、费控余额、费控预警、电网计划停电、市场化交易等营销服务信息的点对点精准推送，降低信息公开服务成本，减少95598服务热线的咨询话务量。

（九）推动建立公共服务 APP 联盟

推动与各航空公司（国航、东航、南航、海航等）、电信运营商（移动、联通、电信等）、金融机构（工行、中行、建行、农行等）等公共服务行业成立公共服务 APP 联盟，捆绑推出"公共服务装机必备官方 APP"，建设基于电力积分的共享兑换和增值服务体系，将国网电商积分平台与其他公共服务单位的积分系统实现互兑互通，有效丰富积分应用场景，丰富积分兑换内容，提升积分业务体验。

（十）推广营销移动作业实用化

全面推广营销移动作业，构建基于内网移动作业平台的营销"微应用"群，完善客户服务、电费催收、业扩报装、用电检查、计量装拆、电能替代等现场移动作业应用。在试点区域基本取消纸质工单流转，提高现场综合服务能力和效率；加快建立移动作业平台推广应用，健全使用规范，编制移动作业指导书、平台操作手册、应用管理等制度标准；推进班组作业方式和管理模式提升，实现业务处理智能电子派单、现场标准化作业、工作质量、客户评价全程在线管控。

（十一）常态化推进营配调数据治理及业务深化应用

进一步加强营配调基础数据治理，全面推广停电范围自动分析、客户报修自动定位、报修（故障）工单自动合并、业扩办电流程简化、故障研判指挥、台区线损监测分析等业务协同应用；配调贯通工作成效"回头看"，推行数据采集、核查、治理一体化作业，以同期线损管理为抓手，部署营配调业务协同管控模块，建立营配调数据质量常态分析评价机制，以业扩交互流程为抓手，推进基础信息校核、客户信息核证、业务问题处理等营配调协同业务全面转人线上流转；构建营配调数据同源管理和业务协同保障体系，进一步厘清营配调工作界面，优化基层班组功能定位，梳理业务流程、制度标准、岗位职责，将营配调贯通标准量化到专业管理和业务流程中，确保公司营配调贯通相关职责、流程、制度、标准、考核得到有效的组织落实。

（十二）深入开展营销稽查应用

依托营销服务管理平台和基础数据平台，建立总部统筹管控、省（市）公司总体安排、市县公司具体执行的三级管理体系，以网、省（市）客服中心两级支撑体系和数据运营团队，对核心业务、关键指标、重要数据进行在线监控，重点针对电价执行、业扩报装、电费账务、计量数据、同期线损等主题开展稽查监控分析，开发指标抓取、分析、监测、预警功能，建立量价费损全量主题域和指标库，分层、分级、分岗位配置管控主题与功能应用，推进稽查监控关口前移。

（十三）深入开展营销大数据分析应用

完成售电量预测分析主题推广应用，统筹 PMT、业扩净增容量、GDP 增速等经济指标及天气和节假日等因素对售电量的影响，支撑总部、省、市公司按月开展售电量预测分析。完成电费风险防控分析主题推广应用，基于客户标签库和营销服务系统客户交费信息，健全高压客户"一户一策"、低压用户"一类一策"策略库风险预测模型，推进高、低压客户欠费差异化催收应用。制定公司营销数据治理标准、数据快速响应需求标准以及营销大数据分析应用流程标准，推动建立健全大数据分析体系、机制，提升营销数据用于快速响应大数据分析需求的能力。

（十四）优化市场化售电应用

以"安全、灵活、易用、平物"优化市场化售电模块原则，完善抄表、核算、收费账务、新装变更、报来统计以及与交易平台对接等功能，配合财务部推广市场交易电费结算动能应用，为客户提包方便、灵活的用能费用交付结算服务、拓展损耗分析、用能分析、客户行为分析、客户信用分析等增值服务。

第六节 制定有效的"互联网+"电力营销服务战略

每个追求满足潜在购买者需求、关注市场竞争的供电企业所迈出的第一步就是营销的战略计划。它按照战略规划的每个过程阶段走：①对企业目前地位的分析（我们在何处？）；②确定营销目标（我们向何处去？）；③找出并筛选替代战略（我们如何实现目标？）；④实现选定的战略（用什么政策？）；⑤检查（我们是否达到了目的？）。

营销战略的主要问题之一就是只有事情发生之后才能发现，甚至还很难确定成功与失败的原因。但是，事实表明，服务业的成功战略有一些共性的原则。

在服务业，若不革新，很难在竞争中立于不败之地。模仿很容易，服务很快就变成了一种商品，只有不断给服务增加顾客认为更有价值的新成分，企业才能保持住长期的竞争优势。

让绝大多数潜在购买者可以进入服务是关键所在。好的企业都及时利用技术进步提供新机会，善于应用类似结盟和特许专营等老方法。

服务工作人员与顾客之间的接触是另一个成功的因素，顾客可能受到推动而买得更多、更加忠诚。与竞争对手有所不同和形成顾客满意是决定性因素。

使对手很难翻身的一个竞争优势是掌握信息系统。回答消费者态度变化的各种问题，形成对手进入及顾客走出的屏障，因为人们都赞赏及时详细的信息带来的好处。这个系统还能把企业与供应者联系在一起。

对于固定成本高的企业，成功还取决于调节需求变化与生产能力之间关系平衡能力。这方面，技术和信息系统也同样提供了很多问题的解决之道。

一、领域的特点

在对服务战略规划过程的各个阶段进行研究之前，最好先简要复述这些方面的主要特点。关于规模效益，进出的屏障，运输成本（顾客的），预见需求走势的困难，替代产品的竞争，国家调控的影响，单位成本计算的困难和潜在顾客对价值感受的影响，设计新服务的艰难与模仿他人成功做法的容易等。

（一）规模效益

与制造业相比，服务的规模一般都有限。制造业可以集中在同一地方或少数地方进行生产，提高产量，降低单位成本。而服务业却很难做到。服务企业经常是在很大区域内为消费者分别设置很多进入点，银行是典型范例。由于服务的生产与消费是同时的，实现规模效益的可能性很小，而价值链条的其他成分也同样如此。

在制造业，大批量需求使生产者提高了与原材料和零部件供应商的谈判能力，对分销商也更能施加影响。生产与分销职能往往是由不同企业履行的，而它们都能实现规模效益。服务企业就很少有这种优势。因为服务是抽象的，不能有库存，由同一企业生产和销售，而且经常是用设施与人员联合生产，结果使服务的生产过程分散于各地，就很难形成规模效益。

但是也有不少服务企业实现规模效益的范例：大型游轮，宽体飞机，多厅放映的电影院，提供多种服务的企业形象的广告效果，航空公司和汽车租赁公司的预定系统，股票市场的买卖交易自动化，不一而足。

（二）进入的屏障力

在制造业，竞争对手进入市场的主要屏障是：规模效益，技术产权，资本和与众不同的差异。与制造业相比，服务业的 I 这些屏障比较低。在服务业设立进入市场的屏障是比较困难的。需要分别加以说明。

我们已经提到了规模效益的区别。规模越大，新进入市场的企业面对的障碍就越难以逾越。但是要区别以设备为基础的规模和以工作人员的职业能力为基础的规模。前者的典型是航空公司的机群，机场的地面设施，电信企业的设备。后者的典型是大批量发行的报纸编辑部，交响乐队。主要的屏障是以设备为基础的规模，而不是以人员为基础的规模。

关于另一种屏障，知识产权（技术产权），在服务业是很难自卫的。一些企业的成功是组织的革新造成的。有些成功者能保持领先地位，但它们很快被他人模仿。

还有一种屏障是企业形象，这也与制造业有很大差别。制造业可以把产品与品牌结合起来，而服务业就很难做到。潜在购买者感受的是企业形象，而不是单一的服务。服务越是抽象与复杂，就越需要发展一种声誉，形成他人进入的屏障。

最难逾越的屏障是与众不同的差异。如果企业能提供独具特色的服务，把这个形象传输给潜在的购买者，竞争对手就遇到了很大的困难。服务的消费者一旦得到满足，就很忠实于生产者和品牌。新进入者或对手可以在市场上经营，但要做出巨大投资改进服务和造成具有竞争力的形象，方有成功之望。

（三）退出的屏障

经验说明，很多服务企业都在市场上长期以低利润甚至亏损经营。主要原因有两个：国家的干预，规模的狭小。公共组织生产服务的历史是很高的退出屏障。如果放弃一个亏损的公共企业，就意味着国家要承担有关费用，并发放因此而下岗人员的补助津贴，所以国家宁可维持企业亏损，也不使之倒闭。小企业也没有退出市场的屏障。一家古玩店的经营可能是出于店主的爱好，即使没有店员，也会自己继续坚持在微利状况下经营。

（四）进入的成本

由于服务的生产与消费是同时的，顾客经常要自己到服务进入点才能消费：外科门诊，机场，滑雪场等。或者是服务组织的生产人员带着生产工具送服务到顾客门上：修理煤气管道或者电线，安装卫星接收天线。这两种情况都有运输交通的成本，也就抬高了服务的价格，限制了需求的增长。

（五）出乎预料的变化

很多服务的需求都有企业无法左右的外部因素干扰：通货膨胀或紧缩，天气变化，自然灾害，恐怖主义等。因此很多服务的替代办法就是自己生产。很多价格较便宜的服务需求都会受到迅速变化的外部形势的影响。

（六）替代产品

一些服务可以用有形产品替代：音乐和录像替代现场的音乐会和电影放映；健身器材替代健身房。药房里出售的妊娠试纸替代诊所的化验室。

（七）国家的管理规范

很多服务都是公共服务，因此有不少竞争的屏障，主要是国家的管理控制，甚至妨碍了企业对效益的追求。

（八）针对价格的竞争

服务很难下定义，对购买者得到的好处也很难测定。结果也就很难确定每个单位的成本。更难的是弄清服务的单位成本是如何随着销量的变化而变化的。一般的以设备为基础的服务容易确定成本（例如航空运输），而以人员为基础的服务就难以测定其成本。因此，服务的价格就更多地以顾客感受的价值为基础来确定，这就往往造成混乱模糊。很少有企业按照基本成本来确定服务价格。价格就是沟通宣传。在哪个剧场里的男高音要价更低呢？

（九）革新

不可触知性使革新很难。创造一种新的服务，意味着在以前和现有的服务基础上发展新的概念。劳动密集型活动，可以只做一点点改动就产生全新感受。典型的范例就是新的音乐的播放。这与有形产品的情况完全不同。

在革新之路上有两个主要障碍：一是很难试验新的服务，特别是劳动密集型服务，很难提前创造好整个生产过程（有其他顾客存在，被模仿的风险）。二是竞争对手很容易模仿成功的服务。

这些困难可以转变为优势。劳动密集型服务可以变化，甚至是重大变化，在引进市场后不用多少成本就能实现种种变更。例如电视和广播的节目、栏目的播放时间的安排都是可以不断更新的。

二、目前地位的分析

目前地位的分析主要有两个部分：一是外部分析；二是内部分析。

（一）外部分析

外部分析的目的是找出外部环境中的威胁与机遇。最终目的是改善战略决策：提供什么服务，在哪方面竞争和如何竞争。无论是对威胁还是机遇，都不只分析目前状况，还应展望未来发展。

威胁在于如果不以新战略去面对就可能削弱企业经济的事实与趋势。电信领域的解除管制就是对受到国家垄断保护的企业的威胁。机遇在于如果及时利用就能改进企业的市场地位提高收入和利润的事实和趋势。有线电视网的普及就是为收费电视节目的组织提供了机遇。

外部分析涉及 4 个领域：环境、潜在顾客的情况、竞争和市场。

（1）环境分析。关于可能作用于企业未来的环境趋势，涉及经济、技术、社会、政治、法律和文化等现象。环境里有很多趋势。需要集中分析那些对企业是重要的趋势。

为了减低分析的复杂性所采取的一个技术就是形成一种替代的局面：比如以通货膨胀上升和长期利率调高为前景而购置设备的未来信贷需求的局面（从企业角度）。针对每种局面，企业都要发展出适当的战略，然后设想如果情况果然发生会产生怎样的后果。对每种局面都给予一定的可能性评估，一般是选定一个最乐观的和最悲观的局面。

我们提到过服务需求与环境的密切关系。经济状况对于某些服务有着明显影响。消费信贷、广告、休闲活动就是典型。技术发展能深刻改变市场局面。电视会议可以威胁到航空运输。新的立法可以形成也可以摧毁一个市场。文化的变化是缓慢的，但持续时间很长久。20 世纪 90 年代初期的萧条改变了一些价值观念，使全球参观博物馆的人数猛增。经济困难使某些服务让位于另外一些服务。这可能是消费者态度的持久性变化。人口情况是很多服务企业跟踪的一项重要趋势。

（2）潜在顾客。客户为什么购买？购买什么？对哪些服务因素评价更高？目前市场提供的哪些服务潜在顾客不满意？

（3）竞争分析。开始先找出今天现实的和未来潜在的竞争对手。分析的技术就是站在顾客角度上考虑可以选择哪些服务。比如顾客需要购置私宅，找哪家房地产公司？第二种技术是找出特点和战略相似的企业来进行比较。例如在某一区域服务的特快专递公司有些共同特点（服务、成本和人员）很相似。为全球市场服务的特快专递公司战略相似，但与前一类企业仍不同。

经常提出的问题是：竞争对手得到的效果如何？它们有什么目标？过去和现在采取什么战略？各自的优点与弱点是什么？

分析应该找出是否有意欲进入市场竞争的企业。竞争是挡不住的，因为其他领域具有人力、财力和技术资源的企业都可能影响竞争规则。

（4）市场分析。市场分析目的是明确对于企业来说市场的力潜在利润如何。

所收集的信息很多：市场活力，供需结构，规模，趋势，发展速度，收益率，销售渠道等。必须走的两个步骤是：找出成功的因素和评价竞争所需要的资源。

无论是最终的市场分析还是前面讲到的其他分析，都有以找到新市场和审视目前运作的市场吸引力为目的的区别对于后种情况，显然是审查营销。

（二）内部分析

内部分析的目的是找出企业的优缺点，确定可持续发展的战略。企业的优点代表潜在的竞争优势，而弱点则是制约战略的。

内部分析主要以企业的财务成果为基础。如果财务状况在恶化，就是需要改变战略的迹象。销售、成本和利润都是最有意义的数据，但是最重要的数据还是投资回报率（ROI）。对这些数据的深入分析能显示出等待解决问题测定的困难。同样困难的是确定好的效果是什么。有时要把市场的平均投资收益率当作参照。对于股东而言的"价值"确定是更复杂而艰巨的工作。

三、计划的目标

营销战略的计划目标来自企业的总体战略。涉及企业意欲开展竞争的业务（产品/市场），准备采取的技术，准备投放的资源和能力。

确定目标的目的是给企业内部相关部门以明确的路线方针指导。特别是对于企业的员工来说，目标的确定在于提供企业的形象、未来的任务和他们工作的目标，形成他们的动机；也还在于明确一些价值概念：环境保护，机会均等。

服务业最难宣布目标，因为它不是从装配线上生产出有形产品。

四、战略的评估与选择

企业采取的战略很多，也各有千秋。很难拿出一个参照的框架，因为经验说明不同的战略都能得到同样的成功。经常采取的战略有：

——旨在形成竞争优势的战略，它又分为：①一般的：低成本，与众不同，焦点（避风港／成本）；②专门的（与众不同的优势）；

——发展战略，它又分成：①内部发展；②外部发展：收购、联盟；

——业务量战略；

——特殊产品市场状况下的战略：向领先企业进攻，转轨。

在研究前两种战略之前，需要简短解释一些概念。一个服务的战略可以用三种不同概念表述：作为不同于竞争对手的模式，作为引导企业合作者的组织原则和表现企业给顾客提供的价值和好处的概念。

（1）服务的战略是"一种不同于竞争对手提供的方式、模式，这种战略建立的基础是一种很明确的好处，是顾客赞赏的好处，形成竞争地位的好处"。这种观点对发展服务战略起着很重要作用。是"通过树木看森林"的能力。

（2）另一种确定服务战略的方法被描述成"一个引导企业内部的人员努力为顾客生产实际好处、得到与竞争对手不同凡响感受的组织原则"。

（3）另一个变量是"一种描述提供给顾客的价值"。这个概念围绕着"重要的是顾客感受"的原则，而不是企业的意愿。

为什么具有和确定战略是有用的？我们可以概括为：

一个有效的战略为服务在市场定位。

一个明确的战略给组织一个统一的方向。"一线人员知道管理者要他们做什么和什么对组织是重要的"。"即使是组成服务的最简单的工作，如果不列入明确的战略，就可能无法形成顾客的满意，或者无法产生企业的利润"。"没有战略，我们就不知道自己的顾客是谁，需要投入多少资源来满足顾客预期，也不知道能得到什么结果"。

——没有战略，就难以对企业目标与顾客预期之间的冲突进行调解，难以测定顾客感受的质量和服务成果。

——"发展一个服务的战略是选择最佳营销组合和对不同细分市场提供的服务的档次最基本的前提"。

五、一般战略与相对优势

在服务业，也和其他行业一样，竞争优势可以是靠三种战略实现的：低成本、与众不同、焦点（避风港／成本）。

（一）低成本

随着顾客越来越注意质量 / 价格之比，低成本是很有效的战略之一。这是一个造成整个行业革命的战略，迫使效率低下的企业不得不退出市场。很难应付以低成本以及低价位向市场发起进攻的企业。对这种企业越来越难以抗衡。以合理价格销售优质服务的领先企业的成本低于同业的平均成本。结果，其低于平均边际利润的问题从大量销量中得到补偿。

要实现领先的成本战略，就要具备一系列条件：生产效率，利用规模效益的能力，对固定成本的控制，革新生产和销售方式的能力，在现代设备方面的投资，承受在打入市场初期的亏损的能力。

在服务业，低成本战略可以以各种方式实现。

（1）低成本服务。选择寻找合理价格服务的标的顾客。在市场上有要求简单的价格低廉的服务的潜在顾客。

（2）以资本代替劳动。资本是用于购置能迅速生产质量稳定的服务的设备的。例如引进 ATM 自动柜员机就使银行的单位成本下降。也可以靠以更低成本的劳动来获得同样的效果。这就需要对工作进行不同的组织。更复杂的工作留给专家做，一般工作让普通人员做，这就降低平均成本。

（3）简化服务。简化服务意味着减少专业化工作，使成本更低。把服务分解成若干部分：最基本的，可以取消的，可以追加的，可以靠外部机构提供的，然后再结合到一起。

（4）降低固定成本。大部分服务企业的固定成本不按照生产量而变化，或者变化很小，设备利用率低于最佳水平就会导致生产的单位成本更高。降低固定成本就意味着降低平衡点，即给企业以降低平均成本的最大可能。

（5）降低网络成本。由于技术进步，很多都用很低的追加成本实现了新的服务网络组织。新网络建立在信息技术基础上，可以在更辽阔的地域范围内对更宽的细分市场以更低的边际成本销售服务。提高了服务的销量，软件成本分摊的面更宽。新技术还使企业对对手的行动反应能力更强。

（6）目标节省。一个服务往往由若干成分构成，如果一个或若干成分能分别用于几个服务，成本就更低。

（7）外部合作。引导外部合作的是一些基本原则：①企业集中资源做好被认为是最关键、微妙的部分，做得比竞争对手更好。这样的目的是形成难以被他人模仿的竞争优势，这就是所谓的竞争核心；②企业依靠外部合作也是因为找具有竞争优势的外部合作者能使质量更好而成本更低。把非战略性业务交给外部合作就是形成并保卫自己的竞争优势；③外部合作有利于形成良好形象，与一些最好的服务或部件生产者合作，也是提高合作者质量的刺激手段，使其抓紧对人员的培训工作。

（8）一体化。一体化对成本的影响可能是正面的，也可能是负面的。拥有电脑预定系统（CRS）可以比外部合作的成本更低，避免让供应者赢得谈判能力。相反的战略也能降低成本并提高灵活性。例如租赁飞机比自己购置成本低，而且更具灵活性，能及时改变进攻战略或对竞争对手的行动做出反应。

（9）新服务上市时间。率先提供新服务的企业可以更能降低成本。首先，在竞争对手的商标和信息混乱的局面里共同宣传效果较差。其次当需要在更多地方设立服务进入点时，首先进入者已经赢得了优势，可以挑选更好的地点。

不应忘记，后进入市场的企业往往也可以具有优势，或者是由于销售方式和服务组织是经过实验并完善了的，或者是由于可以用更低成本购买更新的技术，或者是由于没有支付先驱者所承受的开发费用。

（二）与众不同

与众不同意味着：①筛选出购买者对购买的一个或几个标准；②设法使消费者感到提供的服务与众不同。如果达到这个目标，服务就成为顾客的"唯一"。企业要设法实现顾客的忠诚。与众不同和本行业的平均成本高相关，提供更高价值的性能就能奏效。目的是实行比对手更高的价格来覆盖造成"与众不同"优势的成本。

与众不同的一个方法就是增加附件，或者使服务在一天或一周内随时可得。如果银行有密集的网点，即使提供与竞争对手类似的服务，也能以进入点的方便而取得优势。实现与众不同的方式很多：

（1）使不可触知变得可触知。有意留下暗淡的灯光，把被子角折叠起来，上面再放上一份小小礼物，这是豪华宾馆的做法，在晚餐后回到房间里的顾客当然会有一番别样的亲切感受。在房间清理之后，在卫生间的马桶上放上"SANITIZED"（已清洁）能提醒顾客"这里做过了认真的清洁打扫"。这都是使不可触知变得可触知的一些做法。

（2）按照顾客的规格。企业若能满足顾客特殊需要的服务，就比对手赢得了一分优势。银行按照顾客了解提供对其口味的服务，餐厅经常会保留其喜欢的习惯座位，都是有效做法。

（3）培训。服务是生产与消费同时的一种产品。与顾客接触的人员要靠自己的职业能力来做好服务对这些人员的培训进行投资，就能变成和对手的"与众不同"，即竞争优势。

（4）减低感受的风险。医生与病人一起讨论可能的病因，说明病症的可能结果和为什么要采取一定的治疗方案，这样能减少病人对治疗心中无数的感觉，更有利于树立信心配合治疗。

（5）质量检验。对服务反复进行顾客看得见的检查，自动化，人员培训，改进质量和顾客的感受。与众不同不一定是制胜的，要让顾客感受到服务的追加价值超过了自己付出的成本，因而高价也是合理的。为此，一个以与众不同为基础的战略决不能忽略对低成本的追求。由于与众不同造成的复杂性，使企业在对手以相反的进攻战略行动时经常显得很脆弱。

（三）焦点（避风港/成本）

努力比其他所有市场上经营的企业都更好地为顾客服务的，是最了不起的企业。这个战略集中资源对有限顾客提供特种服务。这个"圈子"可以是潜在顾客的细分市场或者服务地区的划定，这就形成了与众不同。对顾客特别赞赏的服务部分投资。服务总体显然是与大市场上所提供的有所不同的。实施这种面向有限标的战略，再配合以低成本和与众不同战略，成效就更加突出。把资源集中到一定的人口或地域范围内，企业可以得到一种服务生产的规模效益。

这是一种适合进入一个新市场的企业的战略只在一个避风港内经营，新进入市场的企业才不会引起已经在当地占据主要地位的对手的激烈反应。然后再逐步取得经验，为将来的扩大范围准备条件。由于销量小，在初级阶段是不会被强大对手认真看待的。这也适合于那些不准备扩大规模或者服务生命周期较短的企业。

但是也不无风险，"避风港"若太小，无法实现规模效益。需求可能跌落，使企业只好放弃这个市场。

六、特殊战略与差别的相对优势

每个战略的基本点是抓住细分市场标的顾客群的需求和预期的好处，制定出一个能满足这些预期的服务体系。对预期进行深入分析后就形成各种竞争战略。不同战略要参照：①顾客所预期的服务成分；②筛选服务的标准：从最小的内容到最终筛选的考虑；③结构与管理的微妙成分；④营销组合的成分，特别是服务的典型营销组合成分（生产过程人力资源和物质环境）。

（一）预期的基本成分

按照顾客的需要筛选出一系列成分组成的服务。筛选出的清单可能并不全面，但这些是顾客在多种选择面前的主要参考成分。

（1）可进入性。每天什么时候营业？在每周或每年的什么时候休业？自动柜员机和800电话是否有利于对很多服务的进入？超市的晚间开业可以对劳动者购物有利，而星期天的商场开业对旅游者有利。

（2）"合适"。服务进入点在地域内的分布对于很多顾客来说是很重要的。快餐、零售店、银行都是典型的例子。设立在交通拥堵且没有停车场地带的银行肯定对顾客没有吸引力。所谓"合适"涉及所有的服务成分。例如在由生产者管理的和维修人员提供的售后服务（例如索尼公司）之间，顾客更喜欢是前者。前提是人们认为生产者的服务更有效。人们害怕维修人员不可靠，让他们维修后还要再找厂家。

（3）承认。抵达后在饭店接待处办理好入住手续的顾客得到一张填写好有关信息的卡，这种承认方式效果很好。一家银行的习惯顾客，如果听到某新行员让他出示身份证件，反应一定不好。

（4）价格。对于经常购买的服务，价格是相对容易比较的，例如同一段路程的计程车的价格。但是对职业能力含量高的服务在购买中进行比较是很少见，缺乏的是客观对比的能力。企业不应忘记，价格是一种沟通宣传，价格经常反映的是质量。

（5）质量。顾客对有形产品的质量是按照其性能进行评估的，至于谁如何生产都无所谓。对于服务，顾客不仅看其性能，还要看其生产过程。

（6）声誉。面对多种选择的尴尬，消费者经常收集其他人的信息（口碑）。如果得到的信息是负面的，该企业就将失去这位潜在的购买者。他（她）知道如果服务不符合自己的预期，是不能要求退换的（而有形产品是可以退换的）。所以认为风险更大。可见声誉是何等重要，要认真树立并保持良好声誉。

（7）安全。当服务关系到人的身体时，安全是最重要的。在航空运输、某些体育活动、医疗、旅游中，顾客特别注意安全。

（8）迅速。对于某些服务，及时迅速是决定性的。对拖拉机或收割机的维修服务，在一年中的某些阶段里对农庄用户是非常重要的。

（二）筛选的标准

顾客对很多服务都采取一系列的"集中化"标准。这是黑尔在分析制造业企业的战略被扩大应用于服务业时提出的一个概念。黑尔认为，要竞争就要投入一些基本因素，而这些是要介绍的（质量说明），在论述消费者的态度时，我们提到了决定性因素。要成功就要抓住体现比对手更高的因素（制胜因素）。服务企业要特别重视基本因素，它们是要始终保持在一定水平线上，否则就要永远地失去了顾客。

（1）必要的。在若干服务进行比较时，潜在购买者先抓住的是代表总体预期的共同因素。一个电影厅可以很容易进入（有停车场），环境可人，买票等候时间短，座椅舒适，音响效果良好，观众秩序井然。进入市场与之竞争的企业就必须至少具备同等的要素。

（2）制胜的。服务的一些因素在顾客的选择中被认为是决定性的。这要看具体的时间和条件，标准是变化不断的。一段300—400公里距离的路程，最快是坐飞机，或者可以坐火车，致使做出不同选择的可能是价格，也可能是个性化因素。

（3）失去的。有些因素是要介绍的，提供给顾客考虑选择的可能性。顾客预期中的饭店客房是整齐干净的，如果果然如此，评估时就没有什么可补充的，如若不然，饭店就可能永远失去这位顾客。换言之，如果服务降低到一定预期水平之下时，顾客的失望和不满会使其永远离开这家企业。

（三）超凡因素

一些学者按照长期结构和短期管理因素进行区分，每个因素都是要以实现企业战略目标而设计和管理的，而资源只能集中在一两个因素上，以便形成难以模仿的竞争优势。这样的因素，主要是结构和管理的因素。

（1）结构。从长期角度，企业可以投资搞进入服务的系统、设计、选址、运作能力等。这些因素的主要特点如下（以工商管理学校为例）：

进入服务的系统一线和后台人员，工业化方法，顾客参与服务的生产，工作人员的自行决定权。工商管理学校的运作系统是形成学员的参与互动：学院式授课，集体活动，案例讨论，师生关系，图书馆的进入和实习的进入等。

（2）建筑物与设施规模，布局，一切与服务特点相协调一致。

设计本身也是沟通与宣传，刺激动机，形成顾客满意。工商管理学校的校园建筑分布，内部布局（人口，教室的出入口，图书馆和其他服务的安排），教室的布局和设施配备等。

（3）选址，本地区的人口特征：潜在购买者的情况，竞争对手，地方特点，服务在一个地方还是若干地方进入。工商管理学校的选址：市中心，公共服务齐备，地区的质量和宁静的环境。

（4）运作能力，队、进入点的数量和地理分布，工作人员的数量和质量，对服务高峰期的管理。在工商管理学校教学计划安排，考试，学习时间，其他活动。

（5）服务的相遇，对人员进行筛选、培训的动机刺激，组织文化，授权。工商管理学校里是学员的动机，与秘书处、图书馆的接触，教师的授课和考试，论文的准备和与企业接触等。

（6）顾客的预期和感受，对质量的衡量方式，对质量的检查控制和担保。工商管理学校里是学生意见调查，调查学员的预期，对教师和整个组织的评估，结束全部学习所需时间，结业后等待就业的平均时间，被录取的平均谈话次数。

（7）计划，操纵供求关系的政策，以便使设施利用率达到最大化。工商管理学校要规划教学计划，工作时间的分配，教师与学员的关系和学员的可支配性。

（8）信息系统，收集数据，国际营销，与学员和企业进行沟通联系。

（四）营销组合

目标是营销组合的所有因素都最出众，但是每年企业都有自己的优点与不足。服务企业要特别增加传统的营销组合因素：服务的感受，价格，服务的进入，促进；以及另外三个因素：生产过程、人力资源和物质环境的管理。

（1）生产过程。使生产过程的管理具有微妙的重要性的是三种因素：服务的生产与消费是同时的，没有库存，服务成本是预先确定的而服务需求是浮动变化的。因此服务企业的成功就取决于对供求关系的管理能力。

（2）物质环境。生产和消费服务的地方的物质环境对顾客的感受有着决定性作用。在诊所、银行、餐厅，顾客的感受要看物质环境里的很多细节：布局、设施、清洁卫生、进入是否容易等，这些都成为服务的组成部分。

（3）人力资源。顾客全部或部分参与服务的生产。很多服务都形成了顾客与工作人员之间的互动，如果消费时还有其他顾客在场，也有顾客之间的互动。这些互动关系形成了顾客的满意程度。一家服务企业要能有效吸引同类顾客，这种沟通宣传能力是顾客满意最大化的前提。认真筛选工作人员并进行人员培训的企业就又多了一个成功的前提。外科诊所医护人员的职业水平很高，但是如果他们缺乏动机，可能对待病人很冷淡，竞争优势就会相对被冲淡。语言学校如果把水平参差不齐的学生放在一个班里，就会使一些人感到压抑，另一些人"吃不饱"，教师的教学效果就不理想。

表 3-3 为确定营销战略而对服务进行的分类

人们试图对服务进行分类，最复杂最有效的分类是劳洛克的分类法。主要等级如下，分别回答了6个问题：

服务的性质如何？是可触知的行动（如运输）还是不可触知的（如培训）？是针对人的（如健美）还是针对物质的（如家庭财产保险）？服务组织与其顾客的关系如何？是一连续性的（银行账户）还是有一定期限或偶然性的（打国际电话）？顾客的关系是入会还是组织成员（航空公司的常飞乘客计划）？或者是没有任何形式的关系（随意听某电台广播）？

服务能适应顾客的需求到何种地步？按需要设计服务能做很大的调整（家居装修）还是只有很小的灵活性（小学）？服务组织是随时调整与顾客的关系（房地产）还是提供标准化服务（电话服务）？

服务需求的性质如何？服务需求的浮动变化大（国内电话）还是小（保险）？需求高峰期能适当推延服务（煤气供应），还是经常出现需求超过供给能力的紧张局面（餐厅）？

顾客与提供服务的组织之间的关系如何？是顾客进入组织系统（到剧院节目），还是组织进入与顾客的接触（上门家电维修）？顾客与组织的关系是远距离的（电子邮件），还是一个点上（出租车），或者在一个区域内，或者是若干点上（高速公路的救援服务，欧洲保险）？

服务的主要特点是什么？人员的职业性能是决定性的（五星级饭店），还是一般的（电影院里的人员）设施、机械大服务的决定性部分（地铁）还是不很重要的（管理咨询）？

劳洛克认为回答了这些问题就能理解哪些因素形成机遇，指导营销。另外，把一个组织的服务特点与对手的特点进行比较，就能决定可以采取的营销战略。

七、内线发展的战略

前面研究了服务企业的各种现象，假定没有什么特别的发展目标。现在我们来变化一点，看它如果要扩展（发展）将如何迈进。一些战略是所有领域都通行的共性的，从原材料的开采到工业加工，有些则是服务业特殊的战略。一家企业都通常同时采取几个战略，就比较难划出这些战略之间的界限。我们可以按照级别或者按照焦点是更多服务、更多进入点还是更多细分市场来区分。

最简单的发展方式。可能的方案是：①更多的地方/更多的服务；②更多的细分市场/更多的服务；③更多的地方/更多的细分市场。这就是三条战略方向。为了简化起见，我们研究前两种情况的细节，第三种则只研究了原则。最难以实现的组合是更多的地方、更多的服务、更多的细分市场。

（1）一个地方/一种服务。这是开始从事服务业的普遍做法。如果需求增长，企业就提高生产能力，管理比较简单，企业靠不断提高质量来保持在竞争中的地位。因此面对的主要是顾客的服务感受和其他营销组合因素。这种政策在对手的进攻和当地市场需求下跌的局势面前比较脆弱。

（2）一个地方/几种服务。市场有地区的限制，企业依靠的是对该地区的了解和在同一地区销售几种服务的形象。地区性的银行或超市是这类典型。迪士尼游乐园也属此类。它在同一地点提供各种游乐活动。所有服务的共同特点是质量、独家性和形象。通过规模效益实现企业目标。对于运作能力过大的企业是一种出路。迪士尼乐园除了提供多种游乐，还能满足不同的细分市场标的顾客群。

这种做法的挑战在于追加新的服务。最先做的可以是对原有的核心服务增加辅助成分。但是危险是复杂化。另一个风险是失去原有的形象。度假村在淡季里可以用来接待会议。其设施并不一定适合接待会议，因为要入住和离店手续都很便捷，电信和秘书服务都很高效。

在营销组合各因素中，人力资源的管理最为重要，是主要目标的质量所在。

（3）几个地方/一种服务。如果在一个地方/几种服务成功了，企业可以在几个地方重复成功的做法，于是就向表里的第三个模块移动。这是提供简单的标准化的容易进人的服务的政策。要在几个地方都保持同样的质量和低成本（由于实现了规模效益）。经营区域的增多减少了在一个地方经济或人品因素造成的风险威胁。

这里最应注意的是简单，给各个点以经营自主权，给员工以动机激励，主要决定是：①在什么地方建立新的服务进入点（选址）；②建立网络所需的投资；③对更加复杂的组织结构的控制形式。

率先进入一个地区的企业要比后来者更具优势。这个战略的好处是迅速进入各个地区，但弱点是可能失控。麦当劳的例子说明了管理者对网络保持控制的问题。由于新网点的选择和运作能力的提高，带来了问题的复杂化。

这种战略的发展是脆弱的。企业创始人经常亲自管理并控制生产。地方多了，要使监控机制有效，把原来的非正式的管理逐步变成正规化管理，这需要人才、有效的规划和检查控制程序。

（4）几个地方/几种服务。发展的下一阶段就是在更多地方提供更好服务。美国运通就是这类典型。特许专营是最常采用的措施。

（二）更多细分市场/更多服务

现在研究同一服务或几种服务面对一个或更多细分市场的。

（1）同一细分市场/同一服务。为让目前顾客购买更多些，这是最基本的发展战略。技术是研究营销组合时所提及的那些。企业以此战略使自己的管理不很复杂化。把各种营销成分当作"杠杆"，同时瞄准顾客的忠诚和减少人员的变动。

（2）同一细分市场/更多服务。这是一种战略的变量。顾客被看作一种资产，要争取新的顾客，企业就要付出一些投资。目的是把这类投资分摊给更宽的业务面和更长久地经营期。交叉销售是常用的方式。

企业经常因给目前的顾客提供新的服务而处于有利地位。靠的是对顾客的了解（买什么，要什么，何处买，何价买，喜欢何种促销方式）来销售其他服务。数据库和确定较低的成本都要依靠现代信息技术的有力支持。一个具有自己网络的金融服务企业再追加一些保险或其他业务是完全可能的。

但是有两种风险。第一是细分市场的限制意味着对顾客圈子的限制，第二是更复杂化带来的负面影响。要发展是推出新服务的常用战略。前面是核心服务，现在开始增加新的辅助成分或服务项目。新服务的增加当然是为了提高收益率。还有一种战略，就是推出附加值很高的新服务，但其风险比革新和管理的更加复杂。

（3）几个细分市场/同一服务。服务型企业固定成本高，而运作能力却经常上下浮动很大。因此企业都设法扩大新的细分市场顾客对服务的兴趣。这个战略从一定意义上扭转了营销规则，不是给潜在购买者以其所要的服务，而是寻找更适合自己服务的顾客群体来扩大业务量。

（4）几个细分市场/几种服务。企业向几个细分市场提供几种服务。这是豪华酒店的做法：会议、旅游、商务服务、餐饮、迪厅、海滩、高尔夫球场等。企业变换营销组合成分的组合方式，满足更多细分市场的顾客的各种需求。这种战略的问题主要是：①价格政策比较困难，付出价钱更高的顾客容易不满；②各阶层的顾客都是互相接触沟通的；③很难保持质量不变。挑剔的顾客乐于比其他人支付更高价格，但其要求更多更高。但问题在于他们是和预期更低的普通消费者一起消费的。

为了简化，我们研究了更多地方/更多服务的组合，而没有考虑细分市场；更多细分市场/更多服务的组合则忽略了地方。显然，实际情况是各种组合的混合。最值得一提的是：①在同一地方销售多种服务的企业要面对几个细分市场；②在不同地方采用同一战略（多种服务/多个细分市场）。

（三）几个地方/几个细分市场

最自然的发展是从一个地方/一种服务向两个方向发展：多个细分市场和多种服务。很难在同一地方对几个细分市场服务。有人提出要形成集中化的与众不同。从一个中心出发朝着可能协调在一起的其他服务扩展。

（四）更多地方/更多细分市场/更多服务

提供围绕同一核心的各种服务，力争在更多地方吸引更多细分市场的顾客。要同时为各个细分市场顾客群提供对路的服务。要实现这个目标，就需要使服务尽量简化。促使企业采取最大限度利用运作能力。为此就要设法抓住若干细分市场，当需求激增时，就要增设进入点。最著名的例子就是 MED 俱乐部和大连锁商场。实施这个战略的困难也不少：

成本难以控制,各部门特点不同,经营的外部环境也不同。很难同时管理好各种不同的需求。

八、外线发展的战略：收购与合并

通过收购与合并实现发展最为复杂。一些企业由于没有实施好这种战略而导致破产的例子颇能说明问题。事实上很难保持一元化的管理，对历史、文化、组织机构和服务品种都不同的单位实行统一管理是困难不少的。收购者改变自己的经营方向在不同地点运作，当然会有再创业的艰辛。

当收购兼并的是经营地区、行业都各不相同的一些企业时，管理的难度可能就更大。每个单位部门都要选择适当的战略。细分市场可以因市场不同而异。营销组合成分，特别是顾客感受和价格政策都要适应当地变化，沟通变得更加全球化。

似乎在同一品牌下的销售更加容易些。但是实际上人们也经常按照销售点的牌子而不是按照产品的牌子进行选购。

第四章　互联网环境下的电网电商平台研究

目前，电子商务已经成为经济发展中不可或缺的商业形态，赢利模式已经非常熟，对电子商务略有了解的人，估计对电子商务的三流（信息流、资金流、物流）并不陌生。作为"互联网＋能源"概念和背景下的能源互联网可理解为综合运用先进的电力电子技术，信息技术和智能管理技术，将大量分布式能量采集装置，分布式能量储存装置和各种类型负载构成的新型电力网络、石油网络、天然气网络等能源节点互联起来，以实现能量双向流动的能量对等交换与共享网络。

第一节　能源互联网化

在"互联网＋"之风劲吹的背景下，能源领域也正跑步向前拥抱互联网，在能源互联网化的趋势下，能源生产、消费秩序将得到重构，同时将创造新的商业模式。电力系统的电子商务应用主要包括以下四个领域：

（1）电力企业内部的电子商务应用。最明显的表现是电力企业信息化建设。发电企业、输配电企业、供电企业的信息化建设以 ERP、OA 等管理信息系统的使用为主，小到企业邮件服务器的配置，大到企业财务、人力等资源的整合，实现基于企业基本数据库的生产流程控制、办公自动化、科学高效管理和企业自身资源的协调运作。

（2）电力企业之间的电子商务应用。电能的发、输、配、供形成了一条产业链，同时各个部分又是独立的市场主体，因此链条内的上、下游企业之间也存在着电子商务的应用。发电企业通过竞价实现电力上网，需要有网络系统的支持，与此同时，输、配、供过程中要进行有效的电力调度、故障定位等，需要有 GIS（地理信息系统）的支持。利用网络系统记录电力用户的缴费，极大地提高了工作效率，把大量的抄表工人转移出去，用于其他的操作，从而使电力企业的人力资源得到充分地利用。

（3）面向外部伙伴的电子商务应用。电力企业的运营离不开相应的供应伙伴，发电、输电、配电设备采购需要供应商，尤其是发电企业需要电煤等原料供应，这些都可以利用电子采购来得以实现。浏览各大电力企业的网站，容易发现项目招标信息占据了很大的比例。各独立企业之间资金结算离不开金融机构，需要利用电子转账系统。

（4）面向用电客户的电子商务应用。虽然电力行业长期垄断、电力供不应求使得电力拥有得天独厚的优势，但市场化改革分拆了电力产业，电力因此以商品的身份走进了市场，这使得电力营销成为关系到电力企业命运的工作，电力客户服务也逐渐提上日程。随着市场化的深入和社会信息化程度的提高，用电客户需要通过市场来购买电力商品，获取信息、竞价购买、电费缴纳越来越依赖于网络来实现。近期伴随着电力危机的频繁出现而不断升温的需求侧管理，更加突显了电力资讯网、电力市场、电力客户关系管理的重要性和有效性。电力系统需要以市场为导向，根据市场规律对电力商品做出相应的调整。开放而多元的售电市场是能源互联网的必要条件，售电业务上游承载发电、输配电、分布式等多维供给，下游承接工商业、居民、园区等多元客户，是未来整个能源交易体系中的数据中心。

售电市场放开将带来多样的用户服务需求（居民、工业、园区、节能低碳等），以及大量智能终端的接入需求（工业4.0、分布式能源、电动汽车、智能家居、储能设备、机器人等），只有通过能源互联网才能实现能源供需的动态平衡，满足日益多样和智能低碳的需求。

未来售电公司商业模式将变为贴近13亿电力用户的全方位、多元化的综合服务商，并有机会转入能源互联网、四网合一（使电网与电信网、广电网、互联网等有机融合）

因为建立售电侧市场与能源互联网是密切相关的，也就是说能源互联网应该是售电侧市场的一个技术平台。售电公司必须利用能源互联网，运用包括云计算、大数据技术，了解用户们形式多样的能源诉求，再有针对性地为用户定制创新的综合能源解决方案。

值得市场关注的是，现有的能源企业（特别是售电商）、相关设备生产企业和互联网企业将首先抢得发展先机，其中，售电商将成为"新型电商"和综合能源服务商，并且成为能源互联网的参与和投资主体。

未来商业模式包括互联网售电、售电平台、电能服务、需求侧管理、可再生能源交易、微网建设、分布式新能源、充电桩基础设施、大数据分析、能源管理、能效管理等各个方面。

例如，目前电力需求侧响应缺少技术平台，无法实现用户自由选择能源种类和能源供应商等。推动电力需求侧响应市场的放开不仅是我国能源互联网建设的切入点和售电公司进入市场的切入点，如果可以通过需求侧响应，减少用电高峰负荷，就能减少电力系统对发电容量的需求，从而实现整个电力系统的成本节约。这也是电力需求侧响应的经济价值所在。

另外，新型电商带来的投资机会包括分布式发电设施、需求侧储能装置和主动式配电网方面的投资，为了让用户能够在天然气、电能等用能种类上有选择机会（或者说在电、热、冷等能源产品上有选择机会），要实现气和电网络互联与转换，这方面的技术研发需求及其配套投资也将是巨大的。

国家电力公司早在2000年就提出了"改造管理方法和手段，采用市场的、经济的、法制的、现代化的管理方法和手段，充分利用网络技术、多媒体技术、智能化技术，提高管理水平"的指导思想，电力行业推行电子商务，应当在这一指导思想的指导下，结合自身特定的市场、业务特点以及电能生产、输送、分配和使用的特点，根据对电力系统运行的基本要求，深入研究当前国内外电子商务迅猛发展的新兴商品交易方式，把战略发展与管理创新、经营方式创新，以及先进的技术支持系统结合起来。

首先，我们要依托电子商务，充分整合资源，缔造电力航母，促进电力行业电子商务应用的良性、高效发展。这就要求企业经营者要深刻理解电子商务的本质含义，将电子商务的理念融入各个操作环节，整合全行业的资源，形成整体优势，提升产业链条核心竞争力。其次，深入探究电力行业的运行规律，理解电力市场体制改革的精髓。电力商品的特殊性决定了电力行业在国民经济中的重要地位，电力改革的目标不能以简单的垄断或竞争格局加以描绘。电力市场体制改革要打破的是电力行业的行政性垄断，塑造合格的电力市场主体，打造电力产业整体优势，满足国民经济发展对电力的及时、有效、安全的需求。在此基础上，依托电子商务的资源整合优势，建构电力电子商务链，缔造电力航母，一方面大大降低交易成本，提高电力行业运营效率，另一方面借助整合优势和信息的充分畅通，保证电力及时有效供应，防止资源浪费，也能防范电力危机。

电力系统在推进电子商务时应当注意以下几个问题：

（1）全面规划、系统集成。电力系统要实现集约化规模经营，必须将产业链的上游至下游一条龙全盘规划、设计，无论是电能的生产、输送还是分配和使用，从发电、变电、输电、配电、用电组成一个始终处于连续工作的不可分割的电子商务运作系统。这个系统除了商品交易的功能子系统，还包括为保证供电安全所必须具有的调度、通信、保护等一系列服务于电能生产和供应的信息与控制系统。二者通过集成化信息平台有机融合在一起，最终形成一个从电力企业内部到电力企业之间，从面向外部伙伴的电子商务应用到面向用电客户的电子商务应用的全方位、全领域的电子商务应用系统。

（2）强化管理、理念更新。电力信息化工程经过近年来尤其是"九五"期间，已具备了一定规模。覆盖24个省的国家电力公司信息内联网已有万余用户，网上信息资源开发利用有了一定的基础，部分信息化应用子系统已与电力工业的主要业务密不可分并发挥作用。在这种情况下，提高电力信息化应用的高度和深度已成为电力信息化工作的新任务。

研究和应用电子商务不仅把它当作一种技术工具的使用，而且应当作为企业经营观念、经营方式、经营技术支持系统的战略选择。企业应当从行业经济规律的把握、投入产出分析、网络采购与市场营销方式手段、客户需求导向意识分析以及客户关系管理等方面花大力气。使电子商务理念深入到各个部门、各个环节、各个员工。

（3）充分利用国家电力商务网，为电力系统发展电子商务提供信息服务平台。"国家电力商务网"是以电力企业为依托，结合电力行业的市场特点和产品特点，利用现代最新信息技术建立的电力行业大型专业化的B2B电子商务服务平台网站，它与电力行业主门户网站"国家电力信息网"相互依托，为广大电力设备、电力物资材料的供应者和购买者、电力投资者、电力企业经营者以及广大电力用户和社会各界提供电子商务服务和信息咨询服务。其宗旨在于通过互联网、电力通信网等实现电力行业信息流、物资流和资金流的完全、便捷交换，为广大用户提供快速、准确的信息服务和便捷的电子交易服务，从而全面促进电力传统企业生产管理方式和服务水平的提升，降低电力企业成本，提高电力企业的经济效益和竞争力，推动电力信息化工作的深入开展，为国家电力公司系统实施全面的电子商务贸易提供技术和运作经验，为电力市场的全面实施创造技术和人才条件。

（4）做好人才与技术的准备。目前，电力系统具备网络技术的人才资源，但电子商务人才还是比较缺乏。发展电子商务，应了解网上交易时有关法律的复杂性及其逐步完善的情况，特别是其跨边界、无纸化、瞬间快速性的特点。还要认真研究如何从法律上保护自己的合法权利，而不触犯网上交易的法律规定。我们应该增强现有经营管理人员这方面的理论和技能培训，同时选拔一批人员到大学进修电子商务专业，培养高素质的电子商务专家。

综上所述，电力行业拥有明晰的产业链条，比一般的传统产业更适合于开展电子商务应用，电力行业的电子商务应用需要全面规划，整体协同，利用先进理念深入彻底地改造电力运行机制，促进电力市场化改革。我们必须加强电力行业电子商务应用理论研究，探寻电力行业电子商务运行规律，发现并总结出切实可行的电力行业电子商务应用模式。

第二节　"互联网＋电力"是一种双赢模式

自 2002 年国务院印发《电力体制改革方案》（简称"5 号文"）以来，电力体制改革取得巨大成就。电力行业破除了独家办电的体制束缚，从根本上改变了指令性计划体制和政企不分、厂网不分等问题，初步形成了多元化的电力市场体系。

但是，当前我国电力行业仍存在一系列的问题，需要进一步深化改革来解决。近年来，随着电力行业的快速发展，市场机制缺失、价格关系没有理顺、市场化定价机制尚未完全形成等问题更加突出。为解决这些问题，2015 年 3 月，中共中央、国务院发布了《关于进一步深化电力体制改革的若干意见》（中发〔2015〕9 号）（简称"9 号文"），要通过深化改革，还原电能的商品属性，让电价走向市场化，以促进电力行业又好又快发展，并推动结构调整和产业升级。

2015 年政府工作报告中，李克强总理提出制定"互联网＋"行动计划，要通过大力发展互联网经济创新思维，实现经济社会跨越式发展。在互联网与传统产业不断加速融合的背景下，对如何从"互联网＋"的角度看进一步深化电力体制改革，进行了分析和思考。

社会再生产分为生产、交换、分配和消费四个环节，其中交换对生产和消费都具有重要作用。电力行业的发、输、配、售四个环节，分别对应社会再生产的生产、交换、分配和消费四个环节。其中输、配是电能商品的交换环节，居于社会再生产的交换范畴。"5 号文"厘清了发、输电之间的关系，由此成功实施厂网分离后，我国电力生产积极性极大提高，很快摆脱了缺电局面，但由于输、配、售环节改革没有取得突破，输配电价不独立、电网功能定位不清晰等问题，成了制约电力行业又好又快发展的主要因素。

从电价方面看，当前我国电价体系中计划和市场并存，计划占主导地位，政府对电价采取成本加成定价方法直接审批，电价不能准确反映市场供求关系、资源稀缺程度及电能商品的真实成本，使得电源、电网建设缺乏正确的价格信号指引，电能不合理消费现象严重。其中，输配电价由从事电能商品输送业务的电网企业根据电力购销差价核定，缺乏有效监管，输配电价与成本之间没有直接联系，对电网企业缺少绩效激励，导致调峰、调压、备用、事故支援等辅助服务电价制度难以形成。

从电网的功能定位看，本应处于交换环节的电网企业因其垄断优势，处于整个行业的核心地位，在承担电能商品流通功能之外，既涉足电力生产环节，又涉足电力消费环节，就带来了一系列问题。例如，垄断购、售电业务阻隔了电能生产和使用者的交流、影响价格信号在生产者和消费者之间的传递；部分地区对不同发电企业实施歧视性接入有碍公平竞争等。这些问题，既不利于提高电力生产者和消费者的利益，也不利于政府对电力行业的监管，更阻碍了电力体制改革的深入推进。"5号文"曾提出的大用户直购电，囿于电价机制不到位，长期以来没有取得进展。当前出现的发电设备利用小时不断下滑，装机容量过剩局面，与目前体制下发电企业、电网企业、电力用户之间存在的市场信息不对称，消费侧信号不能及时的反馈到生产侧密切相关。

"互联网+"不仅将计算机和信息技术引入到人类的生产和生活中，更重要的是正在对人们的思维方式产生深刻影响。作为国民经济基础产业，电力行业要融入"互联网+"的时代浪潮中，不仅要做到技术上的融合，更重要的是观念上也要有突破。

"互联网+"打破商品交换中间环节的垄断体现在两方面，一是"破"，二是"立"。"破"是去中介化，这是互联网对交换环节的革命。互联网环境下，商品运输与销售者靠垄断信息来获取超额利润的模式被打破，生产者和消费者可以通过更直接的交流方式来完成商品交换过程，降低了交易成本，全社会效益得到提高。"立"是打造新平台，这是"互联网+"对商品交换环节的创新。互联网时代的"平台"，是在平等的基础上，由多个主体共建、通过资源共享实现共赢的开放性商业系统，平台所具有的多方互动机制，不仅能使其提供者在满足供需双方要求的同时从中营利.还能使平台成为一个完善的、成长潜力巨大的"商业圈"。

从"互联网+"的角度看电力体制改革，可以看出"9号文"提出的"管住中间、放开两头"的思路，正是"破"和"立"的过程。要把"9号文"落实到位，首先要完成的两项工作：一是核定输配电价；二是将电网企业的运营模式规范到电能输送范围内。只有这样，才能打破电能产品只有单一购买者和单一销售者的格局，在多买多卖的"新平台"上，充分发挥市场机制对电力资源的优化配置作用，否则，电网企业横亘在发电企业和用户之间，推进电力直接交易、放开售电侧、发展分布式电源等改革措施很难取得进展。

核定输配电价后，电网企业不再以上网电价和销售电价的价差作为其收入来源，而是成为电能商品的"快递员"，通过收取过网费来确保稳定的收入来源和收益水平，可以还原市场对资源的配置作用，更好地促进电力商品的流通，具体而言有以下三个方面的好处：

（1）有助于充分发挥分电力商品生产、交换、分配和消费各环节的积极性。改变电网既是最大的买家又是最大的卖家的身份后，其阻隔生产和消费的负面效应能够消除，能激发起消费带动生产和生产促进消费的良性循环，对生产环节，以销定产能抑制发电企业的盲目扩张冲动，对消费环节，市场化的电价机制可以减少不合理用电需求。

（2）有助于解决电力规划、交易机构设置、售电侧放开等一系列问题。电网企业不再是市场裁判员，政府机构才能更好地发挥市场监管、统筹规划的职责，有助于从更高层次上促进公平竞争、促进节能环保和提高安全可靠性。电网企业不再从电力交易中牟利，交易中的信息不对称现象将得到消除，开发用电计划有章可循、有理可依、那么交易中心继续放在电网企业内部，既符合电力交易的物理流程，也不会对市场交易的公开、公正和公平产生影响，困扰多年的交易机构设置问题将迎刃而解。

（3）有助于电力交易"新平台"的形成，促进电力用户和全社会效益的提高。电网企业凭借现有的技术、信息和营销网络优势，别的竞争主体基本没有生存和发展空间，只有在电网企业不再从事竞争性售电业务的条件下，多元化的售电主体才能在公平竞争基础上开展业务。在市场竞争环境中，多元化的售电主体须树立起以用户为中心的服务理念，不仅简单满足用户的电力需求，还要主动将"互联网＋"融入电量预测、用电方案设计、电力营销、售后服务等环节，构建起和用户互动的生态圈，打造出服务全社会的电力交易新平台，促进电力行业又好又快的发展。基于高度信息化的基础设施，以及大数据分析技术，售电企业能够针对不同电力消费群体的用能习惯进行分析，来运用针对不同消费群体的个性化用电服务模式，同时用户也将有更多的用电模式选择，电力企业可以通过信息交互系统对不同用户的不同用电设备进行精细化管理控制。

一、国外用电互联网模式

美国加利福尼亚州出现一种新的电量处置方式，快速接近"互联网＋能源"模式。日前，加州电网已经通过条款，允许企业可以购买屋顶分布式发电装置和商用电力系统所产生的电力，然后在达到一定配额后，就可以将这些电打包后售往电力批发市场。

这个新举措堪称能源发展的一个新的里程碑。电网的这一举措无疑使被分布式光伏带来了巨大的利益，因为这样就给分布式光伏发电创造了一个除"净电量"结算外的全新收入来源，这为实现除"净电量"结算之外的另一种商业模式铺平道路。

加州独立系统运营商集团表示，包括公共事业单位在内的企业，未来就可以将屋顶光伏系统的发电量、蓄电池的电量，甚至插入式电动汽车的电量更好地有机结合起来，并到电力市场销售。这个典型实例表明了小规模电源正在发展为能源界的主力军。

由于成本的下降以及"零首付"租赁安装服务，家用屋顶分布式光伏发电产业已成为加州太阳能发电领域增速最快的产业。2014年，加州家用屋顶分布式光伏发电装机量同比增加了 50%，而公共事业规模光伏发电装机量同比只增加了 15%。

"互联网＋能源"模式的雏形已经实现，也就是说现在加州的居民，如果自己家发的电量不够用，就可以购买其他家庭的屋顶太阳能板所发的电来满足自己家的日常用电。而这对传统电力企业来说无疑又是一场新的竞争。

在分布式光伏发电领域，发电量该怎样处置，一直是大家比较关注的问题。我国采取的是"自发自用，余量上网"的模式，而美国的"净电量"模式，即是用户通过应用程序将自己家庭太阳能板所产生的富余电量直接卖给电网。

二、国内用电互联网模式

2014 年，国网河南省电力公司与腾讯大豫网共同签署了关于加快推进"智慧电力"建设战略合作框架协议，标志着"网联网＋电力"的跨界融合发展模式在河南省迈出了一大步。

当前，"互联网＋"正越来越深刻地改变人们的生活方式。如何借助互联网平台和智慧，改造公司业务流程，完善客户用电服务体验，已经成为电网公司的一项重要的创新内容。现在，通过手机逛商城、抢红包、团购越来越受到人们的青睐。究其原因，触"手"可及的便捷是其中最重要的原因之一。

2014 年 5 月初，河南实现了支付宝和 95598 网上缴电费全覆盖，无论是城市还是农村的用电客户，都可以通过电脑或者手机，"随时随地"轻松缴纳电费。河南事外出务工人员多，异地缴费需求强烈。实现支付宝缴费后，无论客户身在全国哪个省份，都可以一键完成电费缴纳，并且能够通过支付宝绑定用电户号，在远方替父母缴纳电费。

"互联网＋电力"融合服务模式受到了河南用电客户的欢迎。据河南电力公司营销部客户服务中心数据显示，截至 6 月底，已有 33.14 万县域客户登录公司 95598 网站或使用支付宝缴费，累计缴费金额达 4605.67 万元。

强调客户体验是"互联网＋"模式的重要理念。为了让客户接受更好的服务，在实现支付宝缴费全覆盖后，国网河南电力还将目光瞄准了另一款炙手可热移动互联网应用软件微信。

2011 年 3 月，国网河南电力微信公众服务平台就正式对外上线运营，向客户提供"电量电费查询""停电信息查询"等 12 项在线功能服务。截至 2015 年 6 月底，国网河南电力微信平台共绑定电力客户 42.09 万户，累计提供服务 298.48 万次，在国网公司系统名列前茅。

随着公司与腾讯大豫网加强战略合作，河南将在国网范围内率先实现全省微信缴纳电费功能全覆盖。国网河南电力还计划将所有缴费网点的地理信息纳入微信定位查询范畴，让老百姓缴费更安全放心。

"互联网＋电力"是一种双赢模式，因为当客户缴费更方便时，电费回收的风险也在降低。通过支付宝、微信以及电费积分网上商城等移动互联网营销模式，非常有利于诚信回馈、互动服务等先进服务模式的推广，客户也将获得更多的便利和回馈。

商丘供电公司 110kV 柘城运维站通过微信公众号，向 26 名班组成员发布了最新的运维一体化知识。目前，这种利用互联网平台，将课堂"搬到"网上的培训模式已经成为国网河南电力许多单位提升员工业务素质的新潮流。传统培训向教师请教的机会很少，而互联网培训随时随地可以互动，在工作和学习中遇到难题，都可以通过微信平台进行交流。贴近、互动正是互联网与传统工作模式的不同之处，充分利用这种优势，国网河南电力各单位还将其融合到供电服务、品牌传播、企业文化建设等各个方面。

在与腾讯大豫网合作中，河南还就增设电力微信客服进行了规划，未来全省客户足不出户，即可享受在线即时互通的 1 对 1 专业电力咨询等各类网上服务。

在移动互联网时代，国网河南电力积极构建了"三微一端"（微信、微博、微视频和客户端）品牌传播平台，以服务为第一要旨，注重快速反应，及时有效地处理各类供用电需求和涉电投诉建议。

由于能够及时发布贴近群众需要的用电信息，响应客户诉求，国网河南电力新媒体群组赢得了广大客户和网友的赞扬。

推动"互联网＋电力"融合发展，除了借助移动网络的平台作用，国网河南电力还积极加强电网建设运维和移动互联网、云计算、大数据、物联网等新兴技术的结合，提升电网建设和运维管理效率，加快智能电网建设步伐。

组塔施工属于高空作业，存在观察死角，操作难度和安全风险大。为此，河南电力公司自主开发了一款操控软件，借助移动 4G 网络和摄像头，可以将塔上施工的画面一目了然地呈现在手机或电脑屏幕上。

所谓物联网，实质是将设备信息化，再将这些信息通过通信网络传输到后台服务器，进行数据检测、梳理和分析，实现对实时监测和预警。提前预测山火、强对流天气对电网安全运行的影响；用电高峰时期防止重过载配网设备烧毁；精确梳理客户反映的问题；为智慧城市建设提供电力数据支撑，借助大数据和云计算技术，国网河南电力目前已经构建了一系列预警和分析系统，让工作变得更加主动了。互联网和传统行业的融合，是促进传统行业的升级换代，而不是颠覆。目前，公司正在沿着这条路积极探索，但路还很长。此外，确保信息安全也十分重要。

第三节　互联网提升电网商业价值

2013 年，国家电网推出自己的电子商务平台——电网商城。该商城将以"智能家居 APP""智生活"为主要特色，出售的产品涵盖智能家电、厨卫电器、家居控制、分布式电源等多个领域。而最引人关注的，则是该商城还将出售新能源汽车、小型电动车以及配套充电桩和服务。目前这一电商平台基本模式借鉴了淘宝、京东等热门电商平台，只是我们作为电力企业的特色更为鲜明。该平台基本还是以购买家居日用电器为主。

尽管电网商城草创未久，但已经有5家生产新能源汽车的企业与之达成了合作协议，它们分别是比亚迪汽车、北汽新能源、奇瑞新能源、上汽乘用车以及江淮汽车。而目前已经上线接受预订或销售的车型则有6款，分别为比亚迪秦、北汽新能源ES210、北汽新能源EV200、荣威E50、荣威550plug-in以及江淮IEV5，其中既有纯电动汽车，也有插电式混合动力汽车，在还处于初级阶段，进驻的商家与产品都还十分有限，不过目前也在同不少新能源汽车企业进行协商，未来有望推出更多品牌和类型的新能源汽车。在实际销售与服务模式方面，电网商城仍将主要依托于各地方的新能源汽车经销商。已有多家新能源汽车的经销商与电网商城开展了合作。

例如，作为北京地区最大的比亚迪4S店，北京鑫敏恒瑞鑫汽车销售有限公司将为北京等地区的消费者提供比亚迪的终端销售与服务。除了这些价格较高的新能源汽车，电网商城还将出售多种两轮手扶式或独轮平衡式小型电动车，售价则在1万—5万元。

这不禁使人联想起2016年1月，国家电网在上海发起的那次电动汽车"京沪行"活动，全部由新能源汽车组成的车队历时4天，穿越上海、江苏、山东、河北、天津和北京6地，行程262km。当时参与其中的有北汽新能源、比亚迪、腾势和东风日产4家汽车企业，涉及北汽新能源EV200、比亚迪E6、腾势以及启辰晨风等车型。

如今看来，国家电网与其中几家车企的合作是早有准备地，此次蓄谋进军汽车电商领域，也并非一时心血来潮。除了新能源汽车，充电桩设施以及服务成为电网商城另一大亮点。

目前已经有7家生产充电桩等配套设施的企业与国家电网达成了合作协议，分别为上海荣灵网络科技有限公司、北京华商三优新能源科技有限公司、南京南瑞集团公司、山东鲁能智能技术有限公司、江苏嘉钰新能源技术有限公司、许继集团和青岛高科通信股份有限公司。而目前已经上线的充电桩产品共计有31款，包括交流式、直流式、一体式、分体式以及分立式，价格则从数千元到数万元不等。这些充电桩产品中，有些是面向全国各地区销售，有些则仅仅面向华北地区销售。

相比于其他汽车电商平台，电网商城只出售新能源汽车已经特点鲜明，而搭配出售充电桩设施及服务，更显得独树一帜。目前消费者购买新能源汽车需要安装充电桩设施，也需要向电力公司提交申请，审批通过后方能进行施工建设，可以说，充电桩设施建设本就是国家电网的"自留地"。

充电桩设施行业的技术门槛不高，而国内具备配套能力的设备供应商数量多达千家，这一领域长期是由国家电网这样的国有企业主导，此前在市场推广方面做的并不成功。通过电商形式销售充电桩，可以为消费者提供更多样的选择，也有利于和销售新能源汽车一道形成"一条龙"式服务，这种由国家电网提供的"一条龙"式服务能够吸引来更多消费者。

而作为电力的能源供应商，由国家电网来完成充电设施的销售、铺设、运行、维护，几乎是有着得天独厚的优势，"这一过程完全可以由国家电网和消费者双向互动完成，不必再假手于他人。"而至于在具体价格方面是否能够有更多的优惠，目前尚无确切消息。

充电桩等基础设施建设缓慢，使得消费者购买新能源汽车始终存在"里程顾虑"；而新能源汽车保有量始终过低，不少充电设施闲置率高，且资本投入大、回报长，又令国家电网缺乏大笔投入的勇气。这种困境曾被外界形象地称为"先有鸡还是先有蛋"的难题，国家电网作为这一领域的主导者更是饱受非议。

中国电动汽车商业模式及配套技术方案资深研究学者谢子聪在接受记者采访时认为，这种所谓的"鸡与蛋"的悖论实则是不成立的，他援引通信运营商与手机使用的例子说："如果不是通信运营商先大规模地建设信号基站，初步提供了较为便利和稳定的通信服务，绝不会有后面个人手机业务的发展。新能源汽车的私人市场推广也是如此，建设较为完备的充电设施显然是第一位的。"

国家电网却也是叫苦不迭，尽管在世界 500 强企业中名列第 7 位，体量惊人，但在充电设施建设方面也面临着较大的资金压力。

据悉，一个包含 10 台充电机的充电站，仅仅基础设施、配电设施和运营三方面的综合成本就超过 500 万元，这还是不计算土地使用费的情况下。也正因为如此，国家电网公司董事长刘振亚才在 2014 年两会期间呼吁更多资本进入这一领域，"谁想投资，谁有钱投资，谁就投"。

另外，国家对于新能源汽车发展的决心不断强化，多个地方政府推广新能源汽车发展也十分卖力。国务院此前印发的《节能与新能源汽车产业发展规划（2012—2020）》显示，到 2015 年纯电动汽车和插电式混合动力汽车累计产销量力争达到 50 万辆；到 2020 年，纯电动汽车和插电式混合动力汽车生产能力达 200 万辆、累计产销量超过 500 万辆。这就迫使国家电网不得不寻求更多的突破口，促进新能源汽车私人市场的发展。

2015 年 5 月 25 日，四川省电力公司与腾讯公司在成都签署战略合作协议，双方将就"互联网＋电网"服务应用平台展开深层次合作，正式实施"互联网＋电网"战略，四川电力由此成为国网公司系统首家与腾讯牵手的单位；7 月 6 日，河南省电力公司与腾讯大豫网共同签署了关于加快推进"智慧电力"建设战略合作框架协议，标志着"互联网＋电力"的跨界融合发展模式在河南迈出了一大步；7 月 16 日，深圳供电局与蚂蚁金融服务集团、阿里云达成战略合作，三方将共同携手打造"互联网＋城市电网服务"。

如今，越来越多的电网企业加入"互联网＋"的浪潮中，"互联网＋电网"也正在逐步改变人们的生活方式。利用智能移动终端实现远控窗、空调等家电，电网设备像"千里眼""顺风耳"一般，只要下载 APP，就能轻轻松松掌控家里的一切；登录电脑或者手机，轻轻一按，即可通过"三微一端"（微信、微博、微视频和客户端）传播平台，及时有效的传递各类供用电需求和涉电投诉建议；人力检修线路危险而工作量大，无人飞机高空拍照、高空巡视，电力机器人高塔作业让电网维修变得更安全，这就是今后电网系统里的神奇世界。

当前，如何借助互联网平台改造公司业务流程，完善客户用电服务体验，已经成为电网公司的一项重要的创新内容。从传统电力的一条线、一只表、一个客户到一张网、一个移动终端，客户用电情况电力企业实时掌握，电费交纳方式任客户随意选择，客户手机每周收到优化用电解决方案，今后，互联网基因将植入电力服务的各个环节，人人都可以享受到高科技给电力服务带来的改变。

供电企业牵手互联网公司，这仅是对"互联网 +"的初步尝试，并且，当前大多数供电企业融合互联网的方式主要集中在电力互联对需求端带来的影响。例如，根据电信设备越来越受到人们青睐的方式，加快推进营配贯通，深化缴费渠道建设，畅通微信、手机APP 等信息发布渠道，提升客户服务水平。但是截至目前，在发电、输变电等供给端，传统模式依然占据主流。

今后，随着变革延伸至发电、输变电、配电等电力网络的诸多环节，传统电力企业在互联网发展契机下必将带动一条完整的产业链转型升级。届时，通过打造一个强大的互联网技术平台，推动电网与气网、交通网等复杂网络的系统整合，带动电动汽车、智能家电、绿色照明等下游产业的快速发展。不但为客户带来"更舒适、更便捷"的生活体验，更能提供能效管家服务，实现"节能 + 智慧"的绿色生活方式。

李克强总理在 2015 年两会政府工作报告中提出"制定互联网 +，行动计划"，在互联网经济常态下，如何让电力与互联网行业紧密融合，实现供电企业的互联网转型，主要取决于企业自身对内外部环境的适应。正如马化腾所言，"互联网 +"是对传统行业的升级换代，不是颠覆传统行业。目前，电力企业正在沿着这条路积极探索，但道路漫漫，而且这个过程中，供电企业过去的经验和管理模式都无法完全发挥作用，只有敞开胸怀、拥抱变化，才能真正成功地实现业务模式转型。

电力网络的布点远比电信网、广电网、互联网更为广泛，它延伸到了每一个工厂和家庭，以及它们的每一个角落。由于电网的先天优势，注定了电网将在"四网融合"的进程中成为支撑力量。

四网合一是以新兴技术的不断进步，并彻底颠覆传统四大网络的行业结构、市场环境和商业模式，形成对资金、科技、产业的巨大集聚效应，有望成为新的投资亮点。

在四网合一的情景下，依托无处不在、无所不至的电网和电力智能化服务，结合网络社交、云计算、大数据等领域的技术，拥有四网融合技术优势的售电公司将更具市场竞争力。

例如，能源大数据采集是实现互联网融入能源领域的第一步，具备能源工业大数据基础的互联网售电公司将更加容易把握能源互联网时代的节奏。

电网大数据大致分为三类：一是电力企业生产数据，如发电量及电压稳定性等方面的数据；二是电力企业运营数据，如交易电价、售电量、用电客户等方面的数据；三是电力企业管理数据，如 ERP、一体化平台、协同办公等方面的数据。

第五章　互联网环境下电力营销服务的业扩报装服务

我国城市化、工业化建设的不断深入，意味着居民对电力能源的依赖性日益增强，有效管理电力营销工作成为电力企业发展的重要课题。业扩报装业务的开展效果将会直接影响整个电力行业的发展状况，是电力营销的主要组成部分，且能及时反映电力行业的整体服务质量。因此，必须加大对业扩报装业务的管理，不断提高管理质量，进而保持整个电力行业的良好形象，增强自身市场核心竞争力，扩大电力企业的经济效益，提高自身品牌形象。尽管电力营销业扩报装管理水平也有了很大提高，但是仍存在诸多的漏洞。电力企业应符合当前社会发展变化趋势，制定符合客户需求的业扩报装流程，不断优化电力营销业扩报装管理方略，推动电力行业健康发展。电力业扩报装是电力企业提高自身经济效益的重要渠道，同时，也是展示企业自身服务质量和经营管理水平的主要平台，其工作效果直接影响着电力企业的经济效益和社会效益，应该得到足够的重视。现阶段，在市场经济背景下，电力企业面临着机遇与挑战并存的局面，强化电力营销工作，做好扩报装管理，是摆在企业面前的关键问题。本章结合电力营销及业扩报装的概念，对业扩报装管理中存在的问题进行分析，并提出管理的有效策略。

第一节　智能用电物联网技术发展背景

智能用电物联网技术作为新兴的高新技术，引领现代科技的发展，具有极高的战略意义。因此，世界众多国家都在围绕这项技术开始了新一轮的科技竞争。其中，以美、日为首的发达资本主义国家纷纷将促进智能用电物联网技术发展列为国家战略。我国政府对此也是极为重视，将其上升为国家战略，对该类型产业在政策和经济上大力支持，在农业、商业、国防等诸多领域成就显著。

一、智能用电物联网技术的机构体系

目前的智能用电物联网是一个开放的结构体系，因此，需要很多技术来支撑，其中主要涉及射频识别技术、中间件技术、物流管理技术、通信技术等。它的关键技术主要包括三个方面：第一，感知技术，是指利用射频识别技术、二维码、GPS、摄像头、传感器、

传感器网络等高新技术手段，能够随时随地对物体信息采集与信息获取；第二，信息传递技术，是指通过各种电信网络与互联网的结合，从而实现物品信息的实时、准确的传递；第三，智能处理技术，是指通过云计算和模糊识别等智能计算技术，对海量的跨地域、跨行业、跨部门的数据与信息进行处理，并能对物品实施智能化控制。

在智能电网和物联网快速发展的今天，不但能创造出一大批具有原创性的拥有国际领先水平的科研成果，能够打造高达千亿级的产业设施规模，能够占领技术以及产业的世界制高点，并且还将极大地促进信息通信、智能电网与物联网的相互渗透与深度融合，从而引领以信息化、自动化、互动化为基本产业特征，以全方位多角度的感知为基础的新一代的电力工业技术革命，促进电力工业结构上的转型和电力产业升级。

智能电网和物联网结合发展将极大地提高我们的生活水平，不但能够实现电厂、电网和智能电网的互相联系，还能实现电网和用户的相互联系，这将使世界变得更小，使得沟通更加畅通，生活更加智能和更加节能。

二、当前物联网技术在智能电网上的应用

物联网技术作为比较先进的信息获得和处理技术，已经在医疗、工业、农业、商业、公共管理、国防等方面获得了较为广泛的应用，是促进当前与未来经济的发展、构建和谐社会的重要途径。

智能电网技术运用的实现，首先要依靠电网的每个环节中重要运行参数的监控以及实时信息掌控等方面。而物联网技术作为一种推动智能电网迅速发展的信息感知技术和"物物互联"的重要方式，目前已经在电力设备的状态监测、智能化巡检、用电信息的采集、智能用电等众多方面获得一定范围内的应用。

从20世纪90年代开始，清华大学、武汉大学等科研单位接连开展了输电的在线监测技术的探索，并且在2000年之后开发了能够具有完整功能的在线监控输电线路的技术。其中，移动通信网络的逐渐完善及广泛的覆盖在相当大的程度上推动了该技术的快速发展，有效解决了超远距离数据传输困难的问题。自2001年以后，从事在线监测技术研发的厂家急速增加，武汉高压研究院和中国电科院等科研单位相继研发了雷电定位、覆冰监控系统以及自动除冰等系统，并且在电力系统获得了推广和应用。2003年开始，在输电线路的监测系统的应用上得到了重视。比如，在2008年南方的冰灾事故中，验证了在线监测技术的重要性，同时也进一步推动了在线监测技术的蓬勃发展。我国的云南、贵州、江西、福建、广东等诸多电力公司已经建设了较为规模化的输电线路的在线监测系统，同时，部分网省公司甚至还建立了较为健全的全省输电线路的监控中心。2009年11月，我国第一条特高压交流示范线路也就是晋东南—荆门上也安装了输电线路的在线监测系统。

近些年来，为了改革巡检的方式，人们进行了很多的尝试。比如信息钮、信息螺栓、条形码技术、智能的移动终端等，这些技术手段在生产管理中取得了很大的成效。重庆市

电力公司的"基于GPS的输电线路智能巡检管理系统"以地理信息系统GIS为实践平台，通过全球定位系统掌上电脑以及后台管理机，以实现线路巡检信息上的信息化、标准化以及智能化的管理。同时，福建省电力公司的"GPMS智能移动终端现场管理应用系统"也同样采用智能移动终端结合全球定位系统、RFID、条形码的技术，用来配合福建电网已具有的生产管理的信息系统，从而实现了输、变、配电网设备的智能巡视闭环管理。

自20世纪90年代开始，中国国内的电力系统逐渐地开展了负荷化管理、集中抄表等用电信息方面的试点建设和设备应用及电力物与物通信的应用，并且能够在电力安全的生产和经营管理方面发挥重要作用。各地的电力企业依据各自应用所需，也开始接连开展了用电信息采集系统方面的试点建设，并且在负荷的预测分析、电费的结算、需求与管理、线损统计与分析、反窃电的分析及供电质量提高等业务上获得极大的效果。

自2009年4月开始，我国国网信息通信有限公司在智能用电等方面率先开展了工作，并且在北京建立了智能的用户服务化试点工程。智能用电的服务试点工程主要基于光纤通信技术以及电力线宽带的网络技术方面的构建，通过采用双向式的互动智能表计、应用用户智能的交互终端等方式，建立起用户和电网之间的实时连接和互动开放的数字化网络，用来满足电网的双向互动营销的需求。同时，智能电网在用户服务系统上主要包含电力线宽带网络的自动抄表系统、智能化家庭网络系统和社区服务的增值系统三个子系统，并且分别提供了水、电、气的三表抄收、家庭用电安全的防范、耗电的控制、用电监测的管理，和生活服务、物业的管理、社区的娱乐、用电信息等诸多服务功能。

自2009年开始，中国国家电网公司接连启动了电力用户的用电信息采集、智能的变电站、状态监测和检修、智能的调度、配网的自动化、智能用电的试点工作，极大地推动了智能化电网的建设，同时，也大大促进了物联网技术在智能电网中的应用。

三、面向智能电网应用的物联网技术的基本架构

面向智能化电网应用的物联网技术主要分为感知层、网络层和应用层。

（一）感知层

感知层主要包括感知的控制子层和通信的延伸子层。感知的控制子层是实现对物理世界上的智能化感知识别、信息的采集处理和自动化控制；通信的延伸子层通过通信的终端模块直接或间接地组成延伸型网络后将物理的实体连接至网络层与应用层。

同时，在智能化电网的应用中，感知控制子层主要借助各种新的传感器、通过嵌入式的系统的智能化传感器、智能化采集设备等技术方式，从而实现了对智能化电网各应用层环节的有关电量、机械的状态、环境的状态等诸多信息方面的采集。通信延伸子层所用技术十分广泛，对于电网上的监控数据主要采用光纤的通信方式，也有比较少量的业务通过无线或是电力线载波通信的途径。比如，载波的通信仍是保护的信息传输的主要方式之一。在输电线路的在线监测、电气设备的状态监测方面，除了利用光纤传递信息外，无线化传

感技术也同样得到一定程度的应用。比如，基于无线化传感器网络上的输电线路在线监控系统、无线化数字测温系统等。在用电的信息采集和智能化用电方面，应用的通信上的技术具体包括窄带电力线通信技术、宽带化电力线通信、短距离的无线通信、光纤复合低压的电缆、无源的光通信、公网通信等。

（二）网络层

网络层方面主要是实现信息的传递作用、路由控制，包含接入网与核心网。在智能电网的应用中，鉴于对数据的安全、传输的可靠性和实时性方面的严格要求，物联网技术的信息传递、汇聚和控制基本依托于电力通信网来实现，在不具备某些条件或者某些特殊的条件下，同样可借助于公众电信网。网络层的核心网以电力骨干的光纤网为主，辅之以电力线载波的通信网、数字的微波网。

（三）应用层

应用层主要包括应用的基础设施/中间件与各种应用。应用的基础设施/中间件是物联网技术提供信息化处理、计算等通用的基础服务和设施、能力、资源调用的接口，并且以此为基础实现物联网技术的各种应用。电力物联网的应用应当涉及智能化电网的各个生产和管理的环节，其目的主要在于通过采用智能的计算、模式的识别等技术来实现电网信息上的综合分析与处理，实现智能化的决策、控制与服务，进而提升电网的各个应用环节智能化的水平。

四、物联网技术在智能电网中的应用

电网的各个环节重要运行的参数的在线监测，对设备的状态的预测、预防和调控，是基于可靠的监控信息建立的输电线路辅助决策与配电环节上的智能决策。通过加强与用户之间的双向互动，开拓新型增值服务，是建设智能化电网的部分核心任务。而这些智能化的任务的实现r就必须依靠于透彻化的信息感知、可靠数据的传输、健全的网络结构、海量信息化的智能管理和多数据集合的高效处理等高新技术，物联网技术工作的结构包括应用层、传输层、感知层三个方面。

物联网技术以其独特优势能够满足用户智能化的电网发、输、变、配、用等很多环节上信息获取的实时性、准确性、全面性的需求。

通过物联网技术能在常规机组中布置传感的监测点，可以了解机组的整体运行情况，包括各类技术指标和参数，进而提高常规机组状态监测的水平。

通过在坝体上部署传感器网络，用来监测坝体的变化情况，能够规避水库运行中可能存在的各种风险。物联网技术还可以以风电、光伏发电厂等所处的微型气象的地理区域、地理环境为监测对象，通过微功耗的数据采集器核心设备，凭借气象传感器来进行风速、风向、覆冰之类气象的要素的实时采集，并实现对目前新能源发电厂的监管、控制与功率预测。

利用物联网技术，可以用来提高对输电线路、高压电气的电网设备上的感知能力，并且可以很好地结合信息通信网络，实现联合化处理、数据的传输、综合的判断等功能，提高电网的技术水平和智能化水平。对输电线路状态的监测是输电环节中重要的应用，其主要包括气象的环境监测、线路覆冰、导线的微风振动、导线的温度与弧垂、输电线路的风偏、杆塔的倾斜、图像的监控、绝缘子的污秽等监测。这些都需要物联网技术上的支持，主要包括传感器的技术、智能化分析和处理的技术、数据的融合技术以及可靠的通信技术等。

利用物联网技术，能够提高电网设备自动化与数字化的水平、设备的检修水平和自动诊断水平。通过物联网，还可对设备的环境状态信息、机械的状态信息、运行的状态信息进行实时的监测与预警诊断，可以提前做好故障预判、设备的检修等工作。由于各种原因，电力设备有时会产生发热的现象，设备的各部位的温度是判别设备运行是否正常的一个重要参数，通过采用无线的传感器网络技术，也可实现对设备的运行温度的实时监测。同样的，物联网技术还可以用于电力杆塔或重要设施的全方位的防护。通过在杆塔或输电线路上部署各种智能传感器和感知设备等，组成多传感器的协同感知的物联网网络，实现目标的识别、侵害方式的有效分类和区域的定位，进而达到对电力设备的全方位防护的目标。

由于电力现场的作业具有复杂性与危险性，电力现场的作业管理历来是电力事故生产的极为重要的环节，因此，常会出现因为错误操作而带来安全隐患。物联网技术在电力现场的作业监管方面就能起到重要的作用。比如，可以进行身份的识别、电子标签和电子工作票的识别、对环境信息的监测、远程的监控等，从而实现确认所需对象的状态，监控工作程序和记录操作的过程，进而减少错误操作产生的风险与安全隐患，实现在调度指挥中心和现场作业人员的有效互动。在电力的巡检管理方面，能够通过识别不同标签辅助设备的定位，指导巡检人员施行标准化与规范化的工作流程。通过智能巡检，可监控设备外界运行的环境，从而掌握运行的状态信息，进行辅助的状态检修和标准化的作业指导等。

智能电网是直接面向社会与客户的重要环节之一，智能化用电是社会各界感知与体验智能电网的建设成果的重要载体。

伴随智能化电网的发展，用户将可以实现和电网的双向性互动，提高用电的效率。同时，那些大量分布式电源、微型电网、电动汽车充放电设施、储能型设备也将陆续接入电网。物联网技术可以有力支撑起这些业务的需求，拥有广阔的应用空间。

利用物联网技术能够有助于实现智能用电的双向交互服务，以及用电信息的采集、智能化家居、家庭的能效管理、分布式电源的接入以及电动汽车的充放电，为实现用户和电网的双向互动、_高供电可靠性和用电效率以及节能减排方面提供技术保障。

物联网技术同样也可应用在电动汽车及其充电网络的智能化管理方面。通过物联网技术还可以实时地感知电动汽车的运行状态、电池的使用状态、充电的设施状态以及当前网内能源的供给状态，通过对电动汽车和充电设施的综合的监测与分析，从而实现对电动汽车、电动电池、充电设施、人员与设备的一体化的集中管控、资源上的优化与配置，进而保证电动汽车的运行保持稳定、经济的状态。

物联网技术还可应用于电力的资产全寿命的周期管理。通过将射频的标签和标识的编码系统应用在电力设备，实现对电力资产的信息的智能化采集、自动化识别、资产的盘点、自动化巡检、智能的调配等，实现电力资产的全寿命周期管理，提高运转的效率，提升管理的水平。

智能电网信息化、自动化、互动化等特征，决定了当前的传统的电网需要在很多环节与先进的物联网技术进行融合。随着智能电网的进一步建设以及物联网技术方面的大量应用，未来会形成一个以电网的网络为依托，连接家庭与用户与用电设备上庞大的物联网的网络，成为"感知中国"的基础设施之一。智能化电网和物联网技术的相互渗透、深度融合和广泛应用，将能够有效地整合通信基础设施的资源和电力系统的基础设施资源，提升电力系统的信息化水平、安全运行水平、可靠供电与优质服务水平，降低当前的线损，提升电能传输效率与使用效率。

五、物联网在智能电网中的应用

电网各个环节运行参数的在线监测，发电厂通过对设备状态的预测、预防、调控，基于可靠监控信息建立输电线路的辅助决策和配电环节的智能决策，加强与用户间双向互动，最终开拓新的增值服务。这些智能化任务的实现，依托于透彻的信息感知、可靠的数据传输、健全的网络架构、海量信息的智能管理以及多级数据的处理。

第二节　互联网环境下电力消费生态体系的主要特征

互联网环境下电能消费生态体系是利用互联网对能源消费体系进行改革，其主要特征是能源互联，旨在提高设备利用率、安全可靠性、电能质量以及开发可再生能源。它与传统电网相比，互联网能源的开放、互联和分享更加便捷，具有成本低的优势，而且赋予了消费者更自主的权利。

一、能源互联网的概念

能源互联网是以互联网理念构建的新型信息能源融合"广域网"。大电网为"主干网"，微网为"局域网"。在"广域网"中能源的双向按需传输和动态平衡使用，能够最大限度地适应新能源的接入。微网是能源互联网中的基本组成元素，通过新能源发电，微能源的采集、汇聚与分享以及微电网内的储能等形成"局域网"。

尽管称为"能源"互联网，但由于电能在能源传输效率等方面具有无法比拟的优势，能源基本是以"电"的形式进行传输，也就是说未来能源基础设施在传输方面的主体必然还是电网。因此，未来能源互联网基本上是互联网式的电网。

能源互联网把一个集中式的、单向的电网，转变成和更多的消费者互动的电网，其构建需要以电网为依托。从电网角度来讲，仍有许多技术问题需要去解决。

2015 年 9 月 26 日，习近平主席在联合国发展峰会上发表重要讲话，倡议探讨构建全球能源互联网，推动以清洁和绿色发展方式满足全球电力需求。习近平主席准确把握全球能源发展的大趋势，提出构建全球能源互联网的重要战略思想。

2016 年 10 月 21 日，国网江苏省电力公司下发《关于宣传贯彻落实全球能源互联网战略思想的通知》，深入开展全球能源互联网相关专题转载传播工作，进一步贯彻落实好全球能源互联网战略思想，推动全社会形成构建全球能源互联网的共识，促进国家战略思想的扎根落地。

二、能源互联网的五大特征

能源互联网具备的五大特征。

（一）可再生

可再生能源是能源互联网的主要能源供应来源。可再生能源发电具有间歇性、波动性，其大规模接入会对电网的稳定性产生冲击，从而促使传统的能源网络转型为能源互联网。

（二）分布式

由于可再生能源的分散特性，为了最大效率地收集和使用可再生能源，需要建立就地收集、存储和使用能源的网络，这些能源网络单个规模小，分布范围广，每个微型能源网络构成能源互联网的一个节点。

（三）互联性

大范围分布式的微能源网络并不能全部保证自给自足，需要联起来进行能量交换，才能平衡能量的供给与需求。能源互联网关注将分布式发电装置、储能装置和负载组成的微型能源网络互联起来，而传统电网更关注如何将这些要素"接进来"。

（四）开放性

能源互联网应该是一个对等、扁平和能量双向流动的能源共享网络，发电装置、储能装置和负载能够"即插即用"，只要符合互操作标准。这种接入是自主的，从能量交换的角度看，没有一个网络节点比其他节点更重要。

（五）智能化

能源互联网中能源的产生、传输、转换和使用都应该具备一定的智能。

三、能源互联网的关键技术特征

（一）可再生能源高渗透率

能源互联网中将接入大量各类分布式可再生能源发电系统。在可再生能源高渗透率的环境下，能源互联网的控制管理与传统电网之间存在很大不同，需要研究由此带来的一系列新的科学与技术问题。

（二）非线性随机特性

分布式可再生能源是未来能源互联网的主体。但可再生能源具有很大的不确定性和不可控性，而且需要考虑实时电价、运行模式变化、用户侧响应、负载变化等因素的随机特性，能源互联网将呈现复杂的随机特性，其控制、优化和调度将面临更大的挑战。

（三）多源大数据特性

能源互联网工作在高度信息化的环境中，随着分布式电源并网、储能及需求侧响应的实施，包括气象信息、用户用电特征、储能状态等多种来源的海量信息，而且随着高级量测技术的普及和应用，能源互联网中具有量测功能的智能终端的数量将会大大增加，所产生的数据量也将会急剧增大。

（四）动态特性

多尺度动态特性能源互联网是一个物质、能量与信息深度耦合的系统，是物理空间、能量空间、信息空间乃至社会空间耦合的多域、多层次关联，包含连续动态行为、离散动态行为和混沌有意识行为的复杂系统。能源互联网作为社会 / 信息 / 物理相互依存的超大规模复合网络，与传统电网相比，具有更广阔的开放性和更大的系统复杂性，呈现出复杂的、不同尺度的动态特性。

四、能源互联网和智能电网的区别

智能电网的关键内涵是支持大规模光伏发电和风能发电等分布式电源的接入。与智能电网相比，能源互联网还能实现未来的能源系统由化石能源向可再生能源转变，支持大规模的储能系统的接入，支持与交通网络的融合，还有与互联网技术的深度融合等。

智能电网的很多结构模式和杰里米·里夫金的能源互联网概念有相似之处。由于国内能源需求结构的改变以及经济下行，对于电力的需求已经达到了一个阶段性的峰值，智能电网建设的前景并不乐观。而能源互联网的概念和内涵不仅契合智能电网的部分发展趋势，而且丰富了智能电网的内涵，从这点来说，能源互联网是智能电网的再延伸。所以说，能源互联网可以作为智能电网再起步的依托和方向性的指引。

能源互联网和智能电网有着本质的区别。'智能电网的中心是电力系统。智能电网虽然能够与互联网技术相融合，但是智能电网始终需要电力系统作为支撑。广义的能源互联网概念里应当是没有中心的能源供需系统，甚至这一系统可以满足全球能源的输送和使用。

总的来讲，能源互联网比智能电网具有更大的广延性、开放性。它包含了智能通信、智能电网、智能交通等众多智能与绿色概念。

五、能源互联网与传统电网的区别

能源互联网的特点。

（一）开放

互联网环境下的能源消费在产业层面与技术层面具有很高的开放性，是能源行业与其他行业的交流媒介，促进能源行业与其他行业的相互融合。另外，能源互联网具备普适性的接入端口，能够实现对分布式能源、储能等多种设备的适应性对接，保证能量与信息的双向流动。

（二）互联

分布式可再生能源不受限制，能够随需求自由流动，实现能源共享。一方面，互联网能够保证局部能源设备之间的互联互通，保证分散式能源模块内部供需自平衡；另一方面，互联网能够保证分散式能源模块与集中式能源模块之间的互联协调，发挥两者之间的互补协同作用，有效提高了系统运行的安全性和经济性。

（三）对等

互联网将改变传统能源网络"自上而下"的组织形式，各参与主体既是"生产者"，又是"消费者"，各能源设备都具有发出与接收能量及信息的能力，在智能化的信息处理和能源流动过程中，各能量节点都是平等的。

（四）分享

美国能源经济学家杰里米·里夫金在他的《第三次工业革命》一书中提出了能源共享的概念。能源共享是指互联网技术与可再生能源相结合，在能源开采、配送和利用上，从传统的集中式变为智能化的分布式，从而将全球的电网变成能源共享网络。这将会改变人类的商业模式和社会发展方向。通过共享，信息技术的发展将迈上新的台阶，而且会有越来越多的人加入到能源共享的行列中，能源共享势必成为一种大趋势。在能源领域，分布式能源的普及能让更多的人参与到清洁能源的生产，进一步促进可持续性发展。

与此同时，互联网终端包括大量能源信息交互设备，这使得互联网成为各能源节点、信息节点之间进行能量流和信息流双向流动的平台。每个能源节点都有获取数据信息的权限与能力，这将进一步促进能源基础资源在广域范围内的优化配置。

第三节　互联网下电力消费设施服务

互联网环境下的电能消费与供电服务需要全面考虑用户端能源供用特征，依托微网端、分布式能源端的智能控制系统，基于云计算、大数据技术及互联网终端，满足用户个性化高效电力需求的用能方案。

在互联网环境下，电力消费生态体系中重要的一个环节是智能用电设施服务。其作用，一是为消费者提供各种智能用电设备，包括智能家电、智能插座、智能网关、能源网关等，支撑用户实施角电侧需求响应、分布式能源消费等内容；二是为消费者提供能源互联网的云、网、端、数服务，包括智能设备的联网、数据存储、大数据分析等内容。

智能用电，通俗来讲，是指通过对电力的智能化掌控和支配，以及通信技术支持下的电力信息终端交互功能，从而实现电力的优化配置、节能环保，使人们的生活变得更加轻松、便捷。智能用电这一概念的提出，与低碳经济下的节能用电需求和建设坚强智能电网的政策是密切相关的。

一、技术支持

（一）高速通信技术

其主要功能是将大容量的通信网络分布到有条件的小区和居民家中，满足用电数据采集和交互信息传输，涉及无线通信技术和无线组网技术的抗干扰能力。

（二）智能电能表技术

智能电能表属于多功能电能表。新一代智能电能表能够实现自动抄表、自动测量管理的功能，可以缓解抄表人员的劳动强度、降低人为因素造成的抄表误差。自动抄表功能还具有抄收和存储智能燃气表、智能水表等表计的功能，自动测量管理不仅能对动态浮动的快速响应、切换、实时结算，还可以记录异常的用电故障，能够对自身硬件的运行状况进行自我诊断、评估、修复。

（三）智能采集技术

该技术主要是指对居民用户用电信息进行电能量和负荷数据的采集、用电设备数据的采集、在线诊断和实时数据的远传。根据实时采集来的信息，能够实现对负荷、整点电量、月累计电量、已购电费（量）、剩余电费（量）等日常用电数据的实时统计。

（四）交互终端技术

该技术基于网络化、人机交互、融合业务与功能，凭借用电信息采集系统网络平台，可直接向用户显示用电信息、警告信息及电价政策等相关内容。用户还可以通过简单操作，主动查询历史用电记录、历史缴费记录、历史数据统计图形等其他的信息服务。

二、互联网下用电设施

互联网环境下的用电设施设备主要包含了电源侧、智能控制侧和用户侧三个部分。

（一）电源侧

能源互联网的电源供应主要由分布式清洁能源和部分用于调峰的柴油机组、燃气机组组成，为网络中的用户提供能源供应。

（二）智能控制侧

在互联网框架下，主要依靠微网将电源与用户直接相连，同时，在微网上架构一个智能控制中心协调整个微网系统的运行。在电源侧实现分布式清洁能源与调峰机组之间的互补协调，同时，配合储能电池的有序充放电，通过发掘用户的需求侧响应资源，使用户端的负荷能够主动地追踪清洁能源发电出力。

（三）用户侧

用户端的负荷控制主要通过智能用电物联网数据采集、需求侧响应、用电大数据智能分析与诊断等工具来实现。控制中心将为每个用户提供一份详细的用能方案，帮助用户提高电能使用效率。

第四节　互联网环境下用电新装增容工作流程

电力常识中，新装用电和增容用电分别定义如下：客户因用电需要，初次向供电企业申请报装用电，称为新装用电；客户因增加用电设备，向供电企业申请增加用电容量，称为增容用电。新装、增容用电包括新装、增装变压器容量用电；新装、增装不经变压器的高压用电设备用电；新装、增装低压电力负荷用电；新装、增装照明负荷用电；申请多电源用电；申请自备电厂用电。

电力增容指的是用电方在进行生产经营的过程中，因为生产能力需求的扩大，原申请使用的用电容量（通常按照变压器的容量来计算，单位为KVA）已经不能满足目前的生产经营需要，必须在原有的基础上申请增加容量。

用电方需要增加容量，必须向合法的供电主体（供电部门）提出书面申请，并出具用电方的相关申请资料，经供电 > 审核同意后方可进行。

一、用电如何办理新装（增容）

（一）居民新装（增容）

1. 业务办理流程

业务流程如图 5-1 所示：

图 5-1　业务办理流程

如图 5-1 所示，居民新装（增容）业务的办理可通过业务申请、缴纳业务费用并签订供用电合同、装表接电的过程进行。

2. 业务申请所需资料

表 5-1 所示的是居民新装（增容）业务申请的服务方式以及所需的相关材料。

表 5-1　居民新装（增容）业务申请的服务方式以及所需的相关材料

业务申请	
服务方式	您可通过供电营业厅、"国网江苏省电力公司"微信公众号、掌上电力 APP 或 95598 智能互动网站提交正式用电申请，也可通过 95598 客服电话、95598 智能互动网站等渠道咨询用电业务办理流程。我们为您提供全省异地业务受理服务，城区各营业厅均可受理全省范围内的用电申请。
申请所需材料	a. 房屋产权证明 b. 房屋产权人身份证明 c. 经办人身份证明及授权委托书。
	注：我们可在收到您的房屋产权证明或房屋产权人身份证明材料后为您提供"一证受理"，请您在现场装表接电时补齐其他资料。

注：如果居民申请的用电容量超过 16KW（含），需要自行委托具备资质的施工及设备供货单位进行受电工程建设。业扩工程应满足国家、行业和地方相关技术标准。

表 5-2 所示的是居民生活用电价执行标准。表 5-3 所示的是居民峰谷分时电价执行标准。

表 5-2　居民生活用电价执行标准单位：元 / 千瓦时

用电分类 不满 1 千伏		电度	电价
		1—10 千伏	
居民生活阶梯	用电年用电量 <2760 千瓦时	0.5283	0.5183
	2760 千瓦时 < 年用电量 <4800 千瓦时	0.5783	0.5683
	年用电量 >4800 千瓦时	0.8283	0.8183
其他居民生活用电		0.5483	0.5383

注：①对家庭户籍人口在 5 人（含 5 人）以上的用户，每月增加 100 度阶梯电价基数。②对城市"低保户"和农村"五保户"家庭，每户每月给予 15 度的免费用电基数。

表 5-3　居民峰谷分时电价执行标准单位：元 / 千瓦时

价格		高峰 8：00—21：00	低谷 0：00—8：00、21：00—24：00
居民分时电价	不满 1 千伏	0.55830	0.3583

（二）低压非居民新装（增容）

1. 业务办理流程

低压非居民新装（增容）业务的办理流程图，如图 5-2 所示：

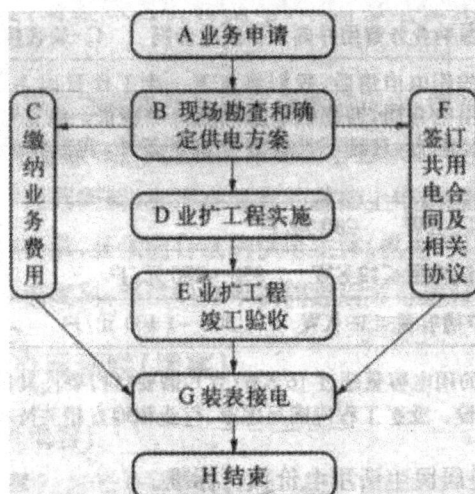

图 5-2　低压非居民新装（增容）业务的办理流程

2. 低压非居民电价执行标准

低压非居民电价的执行标准参见表 5-4 所示：

表 5-4 低压非居民电价的执行标准单位：元/千瓦时

用电分类	电度电价
	不满 1 千伏
一般工商业及其他用电	0.8183
农业生产用电	0.509

3. 低压企业电价执行标准

低压企业电价执行标准参见表 5-5 所示：

表 5-5　低压企业电价执行标准单位：元/千瓦时

价格/时段		高峰 08：00—12：00、 17：00—21：00	平段 12：00—17：00 21：00—24：00	低谷 00：00—08：00
100千伏（安）千瓦及 以上普通工业	不满 1 千伏	1.386	0.8183	0.3728

4. 电热锅炉（蓄冰制冷）峰谷分时电价执行标准

电热锅炉（蓄冰制冷）峰谷分时电价执行标准参见表 5-6 所示：

表 5-6 电热锅炉（蓄冰制冷）峰谷分时电价执行标准　　单位：元/千瓦时

价格\时段		平段 12：00—17：00	低谷 00：00—08：00
服务于居民生活的电热锅炉 蓄冰制冷用电	不满 1 千伏	0.5483	0.2628
非工业普通工业	不满 1 千伏	0.8183	0.3728

（三）高压新装（增容）

1. 业务办理流程

高压新装（增容）业务的办理流程参见图 5-3 所示：

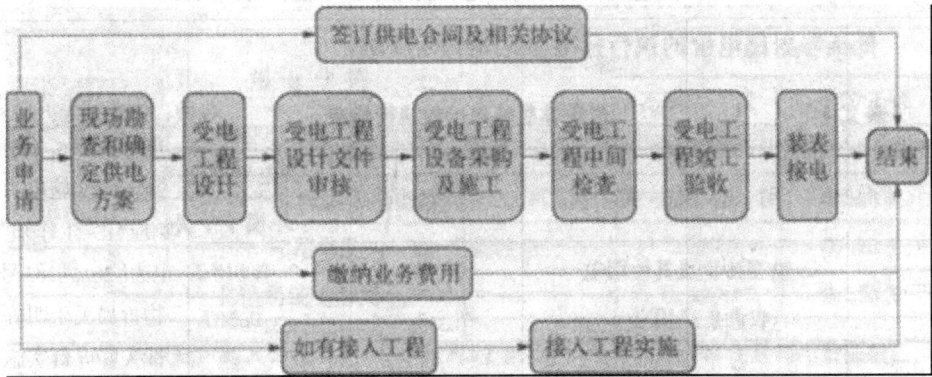

图 5-3　高压新装（增容）业务的办理流程

2. 电价执行标准

表 5-7 所示的是高压新装（增容）的电价执行标准，表 5-8 所示的是高压企业峰谷分时的电价执行标准。

表 5-7　高压新装（增容＞的电价执行标准单位：元 / 千瓦时

用电分类	电度电价						基本电价	
	不满 1 千伏	1—10 千伏	20—35 千伏	35—110 千伏	110 千伏	220 千伏及以上	最大需量（元 / 千瓦·月）	变压器容量（元 / 千伏安·月）
一般工商业及其他用电	0.8183	0.8033	0.7973	0.7883				
大工业用电		0.6418	0.6358	0.6268	0.6118	0.5968	40	30
农业生产用电	0.509	0.499	0.493	0.484				

表 5-8 高压企业峰谷分时的电价执行标准 单位：元／千瓦时

价格＼时段＼类别		高峰：08：00—12：00、17：00—21：00	平段：12：00—17：00、21：00—24：00	低谷：00：00—08：00	7—8月季节性尖峰电价按照《关于明确2016年实施电力需求响应有关工作知》（苏电力〔2016〕283号、《省物价局关于明确季节性尖峰电价实施有关问的函》（苏价工函C2015）39号）和《省物价局关于明确季节性尖峰电价实施条件及有关事项的通知》（苏价工〔2015〕220号）等季节性尖峰电价相关实施文件执行
大工业用电	1—10 千伏	1.0697	0.6418	0.3139	
	25—35 千伏	1.0597	0.6358	0.3119	
	35—110 千伏	1.0447	0.6268	0.3089	
	110 千伏	1.0197	0.6118	0.3039	
	220 千伏及以上	0.9947	0.5968	0.2989	
100 千伏安（千瓦）及以上普通工业用电	不满 1 千伏	1.3638	0.8183	0.3728	
	1—10 千伏	1.3388	0.8033	0.3678	
	20—35 千伏	1.3288	0.7973	0.3658	
	35—110 千伏	1.3138	0.7883	0.3628	

第五节　互联网环境下电力客户用电

一、传统模式下电力客户用电申请和日常用电变更业务

在互联网没有普及的时代，电力用户申请用电时，需要去营业厅填表申请，人多的时候还要耗费大量的时间排队，而且办理的时候可能还要花上半天的时间，不但客户不方便，营业厅人员的工作效率也很低。

一、受理登记

同样，客户如需办理用电变更业务，需要去营业厅办理。变更用电内容有：

减少或增加合同约定的用电容量；暂时停止全部或部分受电设备的用电；临时更换大容量变压器；迁移受电装置用电地址；移动用电计量装置安装位置；暂时停止用电并拆表；改变用户的名称；一户分列为两户及以上的用户；两户及以上用户合并为一户；合同到期终止用电；改变供电电压等级；改变用电类别等。

二、互联网环境下电力客户用电申请与日常用电变更业务

当今社会已经进入了互联网时代，互联网给人们的生活带来了极大的便利。人们完全可以在家通过 APP 就能申请用电和用电变更业务，像"掌上电力""电 e 宝"。人们可以直接下载 APP，然后注册，登录后就能办理相关业务。例如，手机下载"掌上电力"APP，然后通过手机号，注册登录，完成相关基本信息后就能根据自己的需要点击相应的业务。通过该 APP 可以网上购电、网上报修、网上查询业务办理进度等。

同样，"电 e 宝"APP 也具备这些功能，而且功能更多。注册登录后进入首页，客户可以根据需要选择相关选项，里面的选项包括掌上电力，客户可以点击掌上电力就能进行办电申请。除此之外，业务变更都可以通过这个 APP 进行。这样大大缩减了服务时间，提高了服务效率。

互联网和用电的结合是电网领域的一次新革命。"互联网+"的具体体现便是智能电网，"互联网+"将在电网的技术、服务、理念等方面带来很大的变化。

现如今，"互联网+能源"的模式意味着将互联网与传统电网相结合，借助于互联网发展电网核心技术，以此来加强用户体验感，创造一个真正的资源共享的时代。这对构建和谐的网络环境有着极大的促进作用。由此看来，未来电网发展的特征就是能源互联网时代。

在能源互联网模式的推动下，智能用电将应用在生活的方方面面，智能化将在电力领域得到普及。未来的电力客户，不管是个人客户还是工业客户，与电网的关系将是互动关系，客户随时随地都能与电网"对话"。这种积极的互动，不但能够提高电网的工作效率，而且客户的生活方式和品质将得到极大的改善，提升客户对电网的好感。同时，手机的普及使用有利于推动智能电网的发展，成为智能用电的工具。通过手机电力 APP，可以实现用电查询、电费缴纳、用电申请、与电网互动等功能。而且，越来越多的客户下载绑定关注，也能促使电力客户服务端其他附加价值的产生。这样更拉近了客户与电网之间的关系，为营造和谐的交易环境起到了促进的作用。

总体来说，互联网的快速发展决定着互联网时代到来的必然性。所以，我们应该与时俱进。这就需要我们不断地学习，紧跟时代的步伐，给自己的生活带来便利，享受高质量的服务。

第六节　互联网环境下业扩工程报装流程

业扩报装是受理顾客用电申请，依据顾客用电的需求并结合供电网络的状况，制订安全、经济、合理的供电方案。其主要内容包括确定供电工程投资，组织供电工程的设计与

实施，组织协调并检查用电顾客内部工程的设计与实施，签订供用电合同，装表接电等。它是从顾客申请用电到实际用电全过程中，供电部门业务流程的总称。业扩报装是电力服务的主要业务，与电力企业的经济发展密不可分。电力业扩报装电力公司增供扩销提高经济效益的重要渠道，也是向顾客展示公司优质服务和经营管理水平的主要平台。在坚持"一口对外、便捷高效、三不指定、办事公开"工作原则的同时，进一步加强业扩报装规范管理，确保业扩报装工作规范、高效、有序运作，进一步简化用电手续，强化工程管理，缩短业扩报装周期，规范业扩报装工作程序和行为，提高服务效率和服务质量，树立供电企业良好形象。

一、引进信息技术作为技术支持

近些年来，我国的互联网发展迅速，信息技术在各行各业都有了很大的发展，并得到了普及。尤其以电力行业为代表的行业的技术含量取得较大进步。在电力营销的过程中引进信息管理系统，实现两者的有机结合，这成为衡量电力企业的发展水平和企业实力的重要标准之一。电力系统中的信息管理系统的功能较为强大和全面。电力企业通过信息管理系统，管理其业扩报装工作，不仅能拓宽电力营销的业务范围，获得更多的市场份额，而且，因其高效方便的性能，还能提高用户的依赖性。近几年，电力行业的竞争越来越激烈。为保证企业在电力市场中占取一定的份额，电力企业需要以用户的体验作为根本出发点，为用户提供更加全面的服务。在电力营销过程中，应强化管理监督制度，及时发现工作中的不足，及时调整自己的营销策略。作为电力营销人员，应当强化自身的综合素质，利用先进的营销观念以及营销方法，提高顾客的满意度。同时，电力营销管理人员应该实时掌握市场环境，加强对业扩报装流程进行整理与创新，提高工作效率，以实现电力企业的长远发展。

二、建立健全营销手段，推进业扩流程规范化

（一）规范业扩报装工作

管理人员对以往业扩流程中的各个环节进行分析和研究，整合和精简业扩报装的基本工作。查看业扩报装的台账和客户的档案中客户所填写的用电申请书，以及营销信息管理系统之中所建立的业扩信息同客户的资料内容是否一致、完整和准确；查看所受理的业务是否符合了国家法律、法规、产业政策以及公司相关的制度规定；稽查受理客户申请时是否把有关申请的内容录入营销信息管理系统的业扩子系统，使得整个业扩流程从一开始便处于系统监管下。另外，在稽查流程时，先打开营销信息的管理系统，输入该客户名称、户标识号或是电表局号，再点击业扩信息和客户资料，对比原始的工作单，查看工作人员签署的结束环节的日期，稽查该业务是否已经按时限的要求进行流程的流

转，有无超时限等。

（二）提供高效快捷的服务通道

针对统一业务活动，电力企业可以设计多种业务服务方式，给用户提供高效快捷的通道。在用户具备经济能力和信誉保障的前提下，电力企业可以等到相关业扩流程办理完毕至电力设备投入使用后，再予以用户缴纳费用。管理人员可以引进信息系统作为辅助管理，将用户用电信息以及电力数据进行及时公布，实现信息的实时共享，不断优化工作流程。引进信息系统的管理模式，不仅能够监控业扩报装的环节，还能预测设备故障，及时提出具有可操作性的整改措施，并能够满足用户的多种需求，提高电力企业的服务水平，进而增强电力企业的营销效果。

（三）完善管理制度提高经济效益

电力企业应制定有效的监管制度，规范电力营销中的业扩报装流程，以增强业扩报装流程的实用性，精简工作流程，提高工作效率，降低工作人员工作强度，并节约营销经济成本，进一步提高企业的经济效益。电力企业可以不断完善业扩报装管理方式，提高工作人员的专业知识水平及服务态度，为客户提供更加快捷方便的服务，这样可以有效地提高企业的形象和信誉，进而促使电力营销工作的顺利开展。

规范用电营销业务业扩流程是提高电力企业经济效益的主要手段，也是电力营销工作能够顺利开展的有效途径。在目前竞争越来越激烈的电力市场环境中，电力企业应当扩展业务，提高电力服务水平，进而在市场中占据更加有利的主导地位，以适应人民的需求，促进企业自身的健康发展。

第七节　互联网环境下供电方案的确定原则及流程

确定供电方案是业务报装工作的一个重要环节。供电方案合理与否，将直接影响电网的结构与运行是否合理、灵活。

客户供电方案主要是依据客户的用电要求、用电性质、现场调查的信息以及电网的结构和运行情况来决定。根据客户的用电容量、电压等级、用电限制、用电类别等明确客户执行的电价标准，从而确定计量方式、计量点设置、计量装置选型设置。

一、供电方案的确定原则

供电方案的确定原则如下：

（1）供用电应满足安全、可靠、经济、运行灵敏、管理便捷的要求，并留有发展余地。

（2）要符合电网建设、改造和发展规划要求；满足客户近期、远期对电力的需求，具有最佳的综合经济效益。

（3）具有满足客户需求的供电可靠性及合格的电能质量。

（4）符合相关国家标准、电力行业技术标准和规程，以及技术装备的先进要求，并对多种供电方案进行技术经济比较，确定最佳方案。

二、基本要求

供电方案的基本要求如下：

（1）根据电网条件以及客户的用电容量、用电性质、用电时间、用电负荷、重要程度等因素，确定供电方式和受电方式。

（2）根据重要客户的分级，确定供电电源及数量、自备应急电源及非电性质的保安措施配置要求。

（3）根据确定的供电方式及国家电价政策，确定电能计量方式、用电信息采集终端安装方案。

（4）根据客户的用电性质和国家电价政策，确定计费方案。客户自备应急电源及非用电性质保安措施的配置、谐波负序治理的措施应与受电工程同步设计、同步建设、同步验收、同步投运。

（5）对有受电工程的，应按照产权分界划分的原则，确定双方工程建设出资界面。制订客户用电方案时，应该了解客户的基本信息。

三、供电方案的流程

供电方案的确定视客户自身情况而定，以下是常见的几种情况：

（一）居民一户一表报装工作流程

首先，受理客户申请；其次，现场勘察；随后，制订、答复供电方案；接下来，收取业务费并签订供用电合同；接着，装表派工、装表接电；最后，资料审核、归档。

（二）高压新装、增容、改压，低压非居民用户报装工作流程

第一，受理客户申请，现场勘察；接着，制订、答复供电方案，收取业务费，设计单位资质核查，设计审查；其次，施工单位资质核查，工程施工中间检查，工程结束，审核，竣工报告、资料。

第二，组织竣工检验，签订供用电合同，装表派工，装表接电；然后服务质量调查，资料审核、归档；最后建立抄表账卡，发放客户服务卡。

低压非居民客户则均选择"非高耗能"项。单相选择"220V"，三相选择"380V"。

（三）暂拆流程和复装流程

暂拆流程和复装流程如图 5-4 所示。

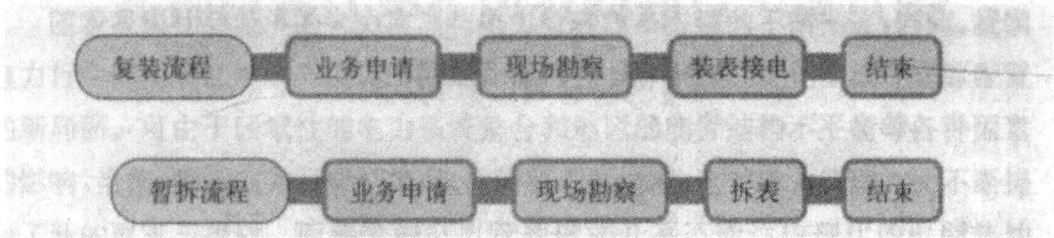

图 5-4　暂拆流程和复装流程

第六章 互联网环境下电力营销服务创新与未来研究

伴随着现代的信息技术的发展，移动互联网目前已经成为一种重要的传播媒介。此外，移动互联网的开放性与共享性也为移动互联网的发展创造了更为广阔的发展空间。而在移动互联网的大环境下，当下各行各业的营销方式也逐渐开始发生转变。而电力行业作为一个国民经济的基础行业也同样面临着营销竞争的压力，它的营销服务方式也会发生转变，注重同用户之间的有效互动，提高它的服务效率。本章主要研究在移动互联网背景下电力营销服务方式的创新，并以此来促进电力营销服务的有效发展。

移动互联网的快速发展使得电力企业的电力系统稳定性不断加强，消费者用电安全也得到保障。可是，随着经济的持续发展与人民生活水平的日渐提高，人民对其服务质量的要求也在不断提高。于是在这种背景下，如果要想保障电力企业的高速发展，解决两者之间的矛盾，那么电力企业就必须不断地创新营销服务的方式，进而满足消费者当前的用电需求。

从电力企业行业发展情况来看，电力系统和信息技术，移动互联网技术之间的联系越来越紧密，伴随着移动互联网的进一步介入，也极大地提升了电力服务上的安全性与稳定性。当前，在对电力能源提出更高需求的背景下，以"互联网＋全天候智能电力营业厅""电力营销服务新平台"为依托的新型营销模式，能够有效拉近电力企业产品和服务与电力用户之间的距离，进而提高电力营销和电力服务质量。

目前移动互联网技术取得了突飞猛进的发展，在物联网、云计算和大数据等新技术的帮助下，社会的各行业生产营销活动都在倾向于凭借移动互联网技术，来对营销服务进行创新，使之趋于精细化。2015 年，伴随着"一带一路"发展战略的提出和推行，社会各行业的用电需求量激增。从电力行业改革发展来看，以及在"两个转变"和"三集五大"等电力系统改革政策的推动下，电力营销的服务想要实现高品质和高效率，则需要围绕满足电力用户需求这一条主线，转变传统的营销业模式，借助于移动互联网技术，对客户加以细分，推行精细化及差异化的电力营销服务。

第一节　电力大数据将为电力营销服务作保障

电网公司服务的对象主要是当地的居民用户。随着居民消费水平的提高，用电量的增加，根据居民以往的消费资料显示，当气温升高时，居民的用电量会增加。为了更好地为居民供电以及进行其他的电力服务，电网公司需要对居民用电消费所受影响的相关因素进行调查统计，并且掌握居民用电习惯及其主要影响因素之间的联系。这就需要借助大数据平台进行分析，搭建相关数据挖掘模型，最终实现居民用电消费和用电负荷预测分析。建立数据挖掘模型不仅是为了了解居民用电消费行为，提高负荷预测的准确性，更是为了验证大数据技术应用于电力行业的有效性，为以后高效的服务提供保障。

一、电力大数据

电力大数据如表 6-1 所示，主要包括数据采集层、数据存储层、数据处理层、数据应用层以及平台管理的层级框架。其中，数据采集层是采集和整合数据的统一场所。数据存储层的作用是大规模存储、快速查询读取。数据处理层是提供数据的加工、分析、处理和挖掘服务的场所，主要是对数据进行查询和计算。数据应用层是通过对数据进行挖掘分析，实现新的价值，为大数据分析技术提供依据。平台管理层级框架的功能是为大数据开发人员提供稳定高效的大数据分布式系统开发、运维和管理。

样本数据中经常包含一些有缺陷和不一致的数据，所以在对数据进行建模前需要对这些数据进行预处理，确保数据的可利用性。涉及的数据预处理主要包含异常数据的处理及有关节假日和自然增长因素的数据处理。

表 6-1　电力大数据

采集
电力生产发、输、配、用全过程大数据采集及储存
存储
建立电力数据库，把采集到的数据存储进去
处理
对接收的电力数据进行辨析，抽取、清洗
应用及管理
基于电力大数据，对电网进行诊断、优化与预测， 提高电力系统负荷率，实现电网节能高效运行

（一）异常数据处理

观察并找出样本数据中存在的一些空值、异常值或超出阈值范围的数据，对于这类异常数据，处理时不能直接进行舍弃，而应该分析这类数据产生异常的原因，并且运用数据补齐算法对其进行预处理，以确保数据的完整、准确。

（二）节假日因素

我们知道，周六和周日是大部分事业（企业）单位放假休息的时间，这段时间会造成节假日居民用电消费量增加，为了保持不同日期类型的数据在一定时间周期内的可比性和连贯性，就需要对节假日期间的相关数据进行预处理。

（三）自然增长因素

随着社会的发展，居民生活水平不断提高，这时便要考虑到居民用电消费在一段时间内较之前相比会有一定幅度的提高，所以我们需要考虑自然增长因素的影响，并对其数据进行预处理。

目前电力行业已经基本被网络化与智能化所覆盖，对客户的分群的数据主要来源于电力的计量、营销等业务系统。通常情况下，系统是利用智能采集终端设备和通信网络对客户的数据进行采集、抽取。由于数据量很大，在大数据时代用传统的智能分析法已经不能适应当前的需求，但大数据时代的智能分析技术也是基于传统的智能技术之上的。我们可以考虑运用基于云计算环境下的数据分析处理技术。

电力大数据的特点具有体积大、速度快、类型多等特点。

二、云计算技术的描述

就目前来说，云计算技术没有一个固定的概念，它在网络上的说法有很多种。目前网上所能查找到的最多的一种说法是："基于互联网的相关服务的增加、使用和交付模式，通常涉及通过互联网来提供动态、易扩展且经常是虚拟化的资源。"云是网络、互联网的一种比喻说法。过去在图中往往用云来表示电信网，后来也用其表示互联网和底层基础设施的抽象。因此，云计算甚至可以让你体验每秒10万亿次的运算能力，拥有这么强大的计算能力可以模拟核爆炸、预测气候变化和市场发展趋势。用户通过电脑、笔记本、手机等方式接入数据中心，按自己的需求进行运算。现阶段广为接受的是美国国家标准与技术研究院（NIST）定义：云计算是一种按使用量付费的模式，这种模式提供可用的、便捷的、按需的网络访问，进入可配置的计算资源共享池（资源包括网络、服务器、存储、应用软件、服务），这些资源能够被快速提供，只需投入很少的管理工作，或与服务供应商进行很少的交互。"由此可见，云计算技术的应用范围十分广泛。

随着社会朝着信息化的方向发展，电力企业也开始沿用了信息化的管理模式。但是，电力公司的信息化管理依旧存在信息系统管理落后、信息的安全缺乏保障对策以及信息技术利用不够全面等情况。为了加强对电力公司的信息管理，电力公司应该在电力系统中运用云计算技术。居民用电消费所涉及的相关数据信息量多且杂乱，应用云计算技术不但能够有效地解决这些信息，而且可以高效处理电力系统中海量存储和计算复杂的问题，提高了电力企业工作效率。因此，云计算数据分析处理技术是应用于电力系统中的一种必不可少的技术。

当然，云计算技术侧重于计算的强大能力。在大数据时代，还有很多其他的智能分析技术。比如说，智能视频分析技术，这个技术侧重于视频的数据分析，我们也可以运用到电力消费的数据分析中去，可以通过视频分析客户的消费状况。

科技的发展是迅速的。大数据时代的到来虽然给人们带来了海量的数据，同时也给人们带来了分析它们的智能技术，给人们的生活带来越来越多的便利。通过运用智能分析技术来处理电力行业客户的消费信息，能够促进电力企业的服务改善与升级，提供令消费者更满意的服务。

第二节　电力营销服务的云平台

近年来，随着电网规模不断扩大，结构日趋复杂，市场化改革日益深入，新能源技术不断发展，使得电力系统的安全与经济运行以及系统控制等变得越来越困难。为了解决上述问题，美国电力研究协会在 2001 年提出了智能电网的概念。随后，欧洲成立"智能电网欧洲技术论坛"，将智能电网上升到战略地位。在国内，国家电网公司确立了建设坚强智能电网的发展战略，提出了以特高压电网为骨干网架，各级电网协调发展，具有"信息化、数字化、自动化、互动化"特征的坚强智能电网发展目标。依靠计算机、通信和控制等技术构建各种信息平台是国家电网所提出的"四化"坚强智能电网的重要手段。

随着分布式处理、并行计算、网格计算和效用计算的快速发展，云计算为智能电网下的数据规模海量信息处理、分析、存储、管理与计算平台提供了新的解决思路。

一、云计算概述

目前，对于云计算并没有一个标准化的定义。云计算的流行说法是：在互联网环境下的一种分布式计算模式，它强调面向服务（SOA）的概念和"数据中心"的架设，通过虚拟化技术，向用户提供各种服务，并实行"按需供给，按需付费"的思想，以比传统分布式计算更加经济的方式提供服务。计算机学术界和产业界普遍认为，云计算可向用户提供三个层面的服务，即"基础设施即服务""平台即服务"以及"软件即服务"。

在国内的电力系统产业界，已经开展了多种信息平台建设方案，包括国家电网公司的 SG186 与国家电网企业资源计划、南方电网公司的基于 SOA 的企业级信息系统、华东电网企业级信息系统等。在 IT 产业界，包括 Google、Microsoft、IBM 等在内的许多行业大企业投身于云计算的研究与实践，并推出了一系列的云计算平台，包括 Amazon Elastic Compute Cloud、Google App Engine、Sun Grid 等。在学术界，已有研究者开始探寻云计算技术在科学计算和工程计算中的应用前景。

二、智能电网对信息平台的要求

（一）精确、快速、开放、共享

精确、快速、开放、共享的信息系统是智能电网的基础，也是智能电网与传统电网的最大区别。智能电网的战略思想对信息平台的建设提出了以下三方面的更高要求：

（1）贯通智能电网的发电、输电、变电、配电、用电、调度六个环节，实现信息的全面采集、流畅传输和高效处理，支撑电力流、信息流、业务流的高度一体化。

（2）建立信息共享透明、集成规范、功能强大的业务协同和互操作平台。

（3）海量信息的可靠存储与管理，充分挖掘信息的潜在价值，提升智能电网的分析和决策水平。

综上所述，建立安全、稳定、灵活、方便的大规模海量信息处理与计算平台是推动智能电网发展与建设的关键。而分布式处理、并行计算、网格计算和效用计算等方面的逐渐发展促进了云计算的发展。

近年来，部分学者开始对云计算技术与智能电网相结合的可能性进行研究。采用云计算技术构建智能电网信息平台，在现有电力设备基本不变的情况下，充分整合分析中国电力系统内部的计算处理与存储资源，实现智能电网全部业务信息的可靠存储与管理，具有成本低、可靠性高、易扩展等优势。这就能极大地提高电网数据处理与交互能力，为智能电网信息平台的建设提供了全新的解决技术。

（二）云计算在智能电网信息平台的研究及应用

根据目前的研究，云计算在智能电网信息平台中的研究及应用主要体现在以下三个方面：

（1）异构资源的集成与管理。在电力自动化系统中，存在多种应用系统和不同的应用平台，由于应用的不同以及软硬件提供商、开发商不同，导致数据资源分散，并呈明显的异构性。云计算利用虚拟化技术使不同的服务器、网络和应用等资源抽象成服务形式，屏蔽其各自差异，统一对外提供服务。另外，通过云计算的平台管理技术可以实现服务器协同工作。

（2）海量数据的分布式存储与管理。使用分布式存储方式，云计算可以在智能电网中高效存储海量级别的数据，并能保证电网数据的可靠性。采用 Big Table 等技术，云计算可实现对各类电网数据的分析、处理以及高效管理。

（3）快速的电力系统并行计算与分析。云计算具有高性能的并行处理及运行能力，可为智能电网高效计算与分析提供有效保证。

对云计算技术的研究，特别是云计算技术在智能电网中的应用研究尚处于探索阶段。除了云计算平台中需要解决的异构资源集成优化、资源虚拟化、云计算服务架构选择等基本关键问题之外，对于智能电网的要求与特点，还需要重点研究智能电网云端的调度和自愈性等问题。

三、智能电网云端的任务调度

电力系统中常常有大量的计算任务。这些计算任务本身需要强大的计算能力，并且要求能得到及时响应，具有实时性。智能电网提出后，这种对实时计算资源的要求与依赖必然会进一步提高。引入云计算技术，用户在虚拟的平台上设计与提交计算任务。云计算平台将按照一定的算法与规则按需为计算任务分配计算资源。因此，任务调度系统是云计算平台中的重要组成部分。它要根据任务的信息采用适当的策略把不同的任务分配到不同的资源节点上去运行。由于云计算平台的基础设施具有异构性和动态性等特点，这就对网格的任务分配策略提出了严峻的考验。不好的任务分配策略势必会增加任务的执行时间，降低整个云计算系统的吞吐量。针对智能电网中不同类别的任务调度，要高效地分配利用分布式资源，就需要一些有效的调度算法。

近年来，启发式智能算法成为任务调度问题的一个主要研究方向。经典启发式算法主要包括 Min-min 算法、Suffrage 算法、遗传算法（Genetic Algorithm，GA）和模拟退火（Simulated Annealing，SA）算法。其中，GA 算法、SA 算法的复杂度较高；Min-min 算法以最快的速度减少调度队列中的作业，尽量缩短所有作业的完成时间；Min-min 算法会使系统负载不均衡，并导致 make-span 较大。

同时，用经济模型来刻画资源的供求关系也逐渐得到广泛的利用。澳大利亚的Buyya在计算经济体系结构（Grid Architecture of Computational Economy）时提出了一种DBC（Dead line and Budget Constrained）调度算法。它与传统的启发式算法不同，在该算法中，任务的计算费用也作为一个重要的参数被考虑进来，并根据不同的侧重点分为时间最优化、费用最优化和保守时间最优化等，分别以任务的计算时间和计算费用作为主要目标进行优化。

但是，以上算法均是基于离线的信任管理模式，都是一次分配完毕便对任务进行固定的调度，不能顺应云计算环境中的计算任务和异构环境变化的特性，也不能解决网络欺诈等问题。在面向智能电网的云计算平台中，云端所要调度的任务环境是面向整个电力系统网络甚至是公有网络。因此，为适应智能电网信息平台环境中的动态性、实时性以及安全性要求，需要结合已有的各种研究成果，分析各种调度算法的优点与不足，研究动态的、面向智能电网的任务调度算法。

四、智能电网云的自愈性

智能电网不仅是为实现电力系统安全稳定、优质可靠、经济环保等要求而提出的未来电网发展方向，还是实施可持续供电战略的重要保障，具有融合、优化、分布、协调、互动、自愈等特征，如图 6-1 所示。其中，自愈是智能电网的标志性特征，目的是通过快速仿真决策、协调/自适应控制和分布能源集成，实现实时评价电力系统行为、应对电力系统可能发生的各种事件组合、防止大面积停电，并快速地从紧急状态恢复到正常状态。

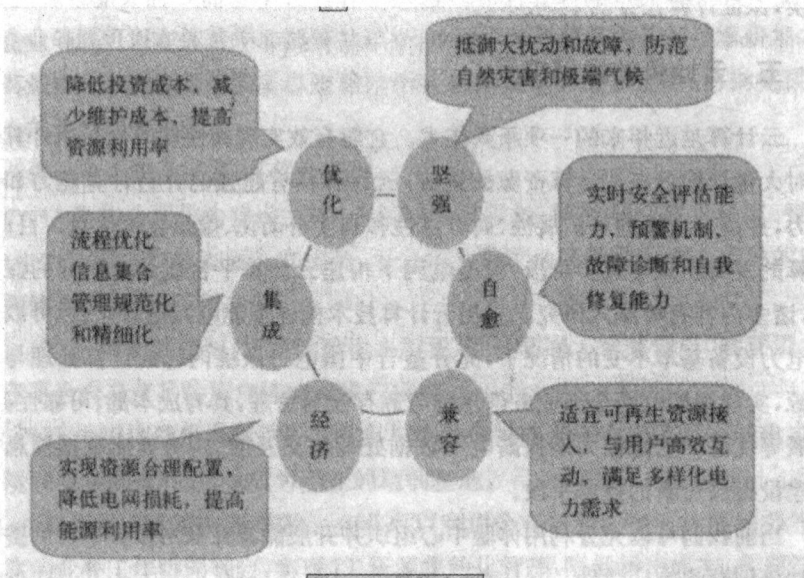

图 6-1　智能电网

目前，国内外学者都在积极探讨具有自愈能力的电网架构。有学者将电网的自愈划分为两个层面：一是元件层，二是系统层。元件层即电力网络的一、二次元件，如一次元件有断路器、变压器、FACTS 装置等，二次元件有各类保护和自动装置等。元件层的自愈主要是针对某个局部设备的修复或替换。系统层则是针对系统中的故障进行自行隔离并自动完成不中断输电和供电的功能。它基于全系统的信息，以全系统能最大限度保证正常运行为目标并涉及对多个元件的处理。新的研究内容电力云是面向智能电网的，因此，也应充分保证服务平台的自愈性，保证在系统受到恶意攻击或者网络、基本设施出错失效时，依然能最大限度地保证系统的正常运行。

现有研究大部分集中在元件层或者对元件的直接控制上，而电力云最重要的意义在于利用分布式资源来完成大量复杂的电力系统计算任务。在电力云中造成系统内部出错的原因主要集中在网络故障、网络攻击和资源的临时失效等方面。这些错误都是可以恢复并且通过自愈机制来实现"透明化"的，因此，与传统的电力系统有所不同，现有的自愈机制又无法直接应用。为此，研究一种面向智能电网云的自愈机制，实现基于云计算的智能电网信息平台的自愈性，主要通过两种手段（一是出错检测，二是出错之后的补偿算法），以实现计算资源的热交换，保证计算任务的顺利执行。

五、云计算的发展前景

云计算是近年来的一项新兴技术。它能有效实现高性能的分布式计算。通过对大量异构分布式计算资源的集成，云计算具有超强的并行计算能力和存储能力，并具有良好的可扩展性、高可靠性和高度自动化、虚拟化等优点。目前，云计算的发展还处于起步阶段，智能电网下构建云计算平台也处于研究的探索阶段，诸多内容有待深入研究。采用云计算技术构建智能电网信息平台，可以在现有电力设备基本不变的情况下，充分整合中国电力系统内部的计算处理与存储资源，实现智能电网全部业务信息的可靠存储与管理，具有成本低、可靠性高、易扩展等优势。它能极大地提高电网数据处理与交互能力，为智能电网信息平台的建设提供全新的技术手段。

当前我们可以充分利用体验中心组织并开展能源互联网服务平台的参观体验和培训交流推广活动。

（1）单项应用体验。参观者可以在体验中心，通过各种视听和多媒体交互形式，详细了解和体验分布式能源、电力交易、多售电体运营、灵活互动用电、需求侧管理等关键业务环节是如何具体应用数字化技术提升工作效率和服务的质量。

（2）综合集成应用体验。用户可以认识和体验如何在电力全生命周期各业务实现产品信息的。

第三节　建设互联网环境下的电力消费体验中心

互联网环境下的电力消费体验中心在能源互联网及电力消费模式中，将发挥体验、实训、科研、服务职能，成为一个能源互联网推广应用的创新载体。建设模式是：电力公司作为建设主体，整合现有的实验室、设备资源、数据资源、软件资源，形成电力消费服务软硬件集成平台，完成能源互联网电力消费模式与技术的学习、科研、体验，推动云平台在体验中心部署互联网环境下的能源互联网技术的推广与普及。在电力消费的基础软件平台和能源互联网虚拟环境中，利用云计算和大数据技术支撑体验中心智能化和网络化。电源企业、电力装备企业、售电企业等既可以在体验中心部署其服务，又可以开展服务创新和技术研发，同时将其解决方案或者智能装备以服务的形式在体验中心部署，协助完成体验中心的生产服务功能。

体验中心建设模式，其优势包括：

（1）电力公司作为建设主体，在基础条件设施、能源联网技术研究、智能设备、电力数据资源等方面具有优势，可以最大限度地降低体验中心建设的成本，发挥体验中心的作用。

（2）云平台的参与，既为体验中心配置了"互联网＋智慧售电"软环境，又有助于平台自身产品的用户体验和推广应用。

（3）电力消费生态体系各方的参与有助于为体验中心搭建真实的电力消费环境和交易模式展示，从而成为企业的培训基地。

（4）协同与创新应用体验。企业可以利用公有云和私有云构建和部署移动互联的业务工作协同平台，实现 IT 资源集约化管理，降低运维成本，实现快速服务产品创新目标。

（5）示范用户成功案例。参观者在体验中心还可以了解典型行业的解决方案和示范用户的成功案例等。

第四节　实时优化精准供电服务

据报道，河北省电力公司唐县供电分公司深入贯彻落实省市公司关于优化营商环境的决策部署，以"优化营商环境，助力转型发展"为主体，创新供电服务思路，围绕"一个中心"，建立"两项机制"，推出"三项服务"，主动承担政治、经济、社会责任，大力转变工作作风，保证客户用上放心电、满意电、高兴电，以精准服务打造最优的营商环境。

随着能源互联网战略推进及售电侧放开，将逐步形成竞争性的售电市场，供电服务需求由低级阶段向高级阶段发展，用户不仅需要更安全、可靠的供电服务，减少停电次数，还需要优化能效，提高电力消费体验，获得个性化的能源服务。第一，电力服务要着重于满足电网感知的基本服务需求，如提高电能质量、减少停电时长、加快接电效率、降低投诉频率等；第二，供电服务需要挖掘客户多元化延伸服务需求，如制定电生产策略、实时互动用电数据、设备代维与租赁等；第三，供电服务需要开展双赢的增值服务业务，如基于大数据和云服务技术的综合用能方案、综合能源管理、能源互联网运营等能源服务。

一、供电服务方面主要存在的问题

（一）供电服务能力不足

当前业务报装流程固化，审批环节较多，接电进度受到电网容量、线路容量、变压器容量、保护定值设置、停电计划批复等因素影响较大，很难满足客户的快速接电需求，而且没有针对园区客户制订专项服务方案，不能做到及时满足政府和客户对多样化服务的需求，公司集体企业没有充分利用相对灵活的投资机制，未推广节能减排、综合能源管理、客户资产运维等服务项目，缺乏利用增值业务开拓市场的意识。

（二）服务技术手段不足

现有的服务方式没有能够顺应"互联网+"时代发展的要求，消费、调度、运维等多个业务系统并行，信息资源不融合，无法实现客户诉求自动研判和服务指挥，精准调度，而且一线服务人员在与客户进行双向互动方面的服务技术能力还有所欠缺，现有服务客户端 APP 功能太过简单，业务报装、用电业务变更等也没有实现线上与线下的相融合。

二、提升服务质量的方法

（一）构建供电服务热点、风险点预警模型和客户诉求分析模型

以 95598 业务系统，新型互联网互动服务渠道中的投诉、举报、报修、咨询业务和用电信息采集系统，配网系统中的停电事件、停电范围、业务报装等大数据信息为依据，把气候等外部环境影响因素纳入考虑范围，通过大数据分析技术进行数据预处理，再利用聚类和关联方法进行分析，构建供电服务热点、风险点预警模型、停电、耐力模型。

（二）用户画像与精准消费

从用户的静态属性和用电行为出发，进行客户画像，并进行针对性的群体分析，从客户细分角度出发，分析各类业务的变化趋势和类型转换关系，建立完整的客户诉求分类模型，识别用户内在需求，结合各渠道的特点和用户行为习惯，构建动态优化的用电策略和服务策略，为不同的客户去提供主动服务和精准服务。

（三）创新供电服务流程

这些服务流程包括优化增容、减容、暂停、变更等用电业务的办理手续，减少冗余步骤，将关键步骤进行串、并、改，缩短业务办理的时间，实行园区报装业务"一次受理，一并办理"。允许用户选择按容量或按需量执行基本电费，放宽或变更周期限制。根据客户的不同需求实行配套的项目订单立项、接网方案菜单定制、工程物资筹备调配、工程建造模块装配、流程管控线上审批等。

（四）动态优化需求侧管理

整个电力系统的优化、能源效率的提升与需求侧响应资源的开发和利用相联系。在能源互联网背景下，电力企业通过大数据分析、用电诊断、信息挖掘等手段掌握用户的用能特点、负荷发展特性等，首先进行用户需求侧管理的潜力分析，从社会属性、用电行为两个方面，判断用户用电需求稳定性、需求响应敏感程度等，从而针对不同用户提供更为个性化的用电服务模式。实施需求侧响应能够使能源供给更为精细化，使能源供给与用户的实际用能需求更加贴合。

综上所述，提升互联网环境下电力企业供电服务质量，可以参见图 6-2。

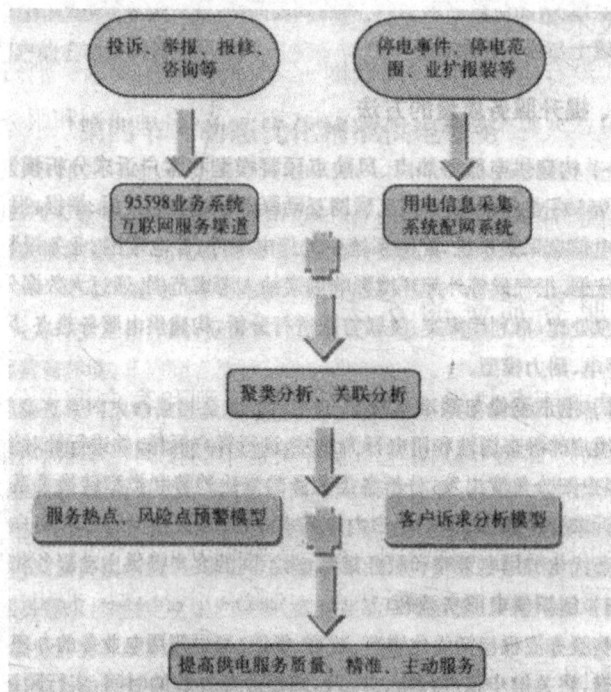

图 6-2　提升供电服务质量

第五节　基于互联网＋大数据的供电服务质量评价体系

电力行业服务水平在一定程度上反映了社会发展水平。这就需要对电网公司的服务质量进行评价，因此，建立供电服务质量评价体系就有必要。建立供电服务质量评价体系，是以国家电网公司服务、生产、消费各系统的数据库为基础，凭借互联网上售电平台显示的供用电互动的相关数据，运用大数据分析技术把客户群体进行细分归类，同时整理供电服务能力指标，依据指标建立供电服务质量评价标准，形成供电服务质量的细分评价体系。

运用大数据技术所建立的供电服务量分析模型，是解决不同客户之间差异化难题的关键。供电服务质量分析模型是研究供电服务质量评价体系的重要成分，利用传统的供电服务质量分析模型只能对普通客户进行分析。

想要对特定客户进行分析，就需要利用大数据分析技术来对客户进行分类。针对不同客户群，根据他们的特征，以原有供电服务质量指标为基础，再结合相关的服务质量分析模型，并对供电服务质量指标进行整理，同时利用大量的数据根据因子分析法来衡量指标的比重，再根据聚类分析来确定指标的标准，最终形成基于大数据的供电服务质量分析模型。供电服务质量评价体系参见图 6-3。

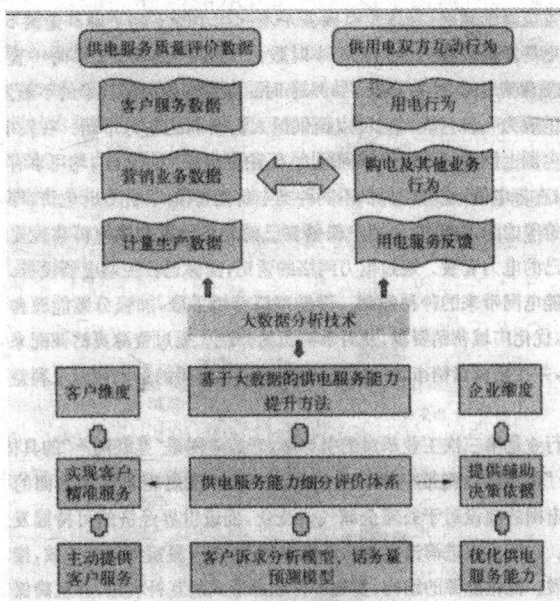

图 6-3　供电服务质量评价体系

根据电网公司对客户消费以及其他用电方面信息的收集等相关的大数据，依托现有三大评价体系并且结合服务理念，形成供电服务质量评价指标，通过运用定性、定量的统计分析方法来对供电服务质量评价指标进行归类，然后进行分析海量的电力数据，提取供电服务质量评价体系的关键因素，最终形成正规合理的评价方法和标准。对于定性指标采用定性分析方法，将历史数据和业务规则相结合。对电量指标运用定量指标分析方法，通过构建供电服务质量分析模型最终形成供电服务质量标准，实现对供电服务质量评价体系的动态调节。

第六节　"互联网 +" 电力消费服务展望

在经济新常态下，我国电力发展中存在发电设备利用率下降的问题，电力产能过剩的问题。2012—2015 年，我国发电装机容量严重超前增长，而且增速大幅度高于发电量的增速，导致发电设备平均利用小时不断下降。全国 6000 千瓦及以上电厂发电设备的平均利用小时数由 2012 年的 4572 小时一直下降到 2015 年的 3969 小时，整整降低了 603 小时。随着智能电网技术的不断发展，电力网络营销成为一种可能。它可以提供给人们便利的电力市场。在发电侧，解决分布式电源上网竞价的话语权问题上，无论发电规模的大小，均可享有平等交易的机会；在售电侧，也可以提供不同种类电价销售模式，让分时电价、峰谷电价和绿色电价等模式成为可能，允许用户根据自己的经济状况和供电可靠性要求来选择适合自己的电力套餐。通过电力网络的营销，能够远程控制电器设备，真正地享受到智能电网带来的种种便利。借助网络营销手段，加强分散能源和储能设备的应用，优化广域营销资源，及时掌控负荷分配。通过资源灵活调配来规避购售电风险，并在拓宽营销市场的同时，能实现资源利用的最大化以及利益分配的合理化。

能源行业是第三次工业革命的引导者，智能电网是"互联网+"的具体表现。"互联网+"将会给电网带来技术应用、服务模式、发展理念等多方面的有利变化。智能电网的建设对于处理全球气候变化，促进世界经济的可持续发展具有重大意义。它能够促进清洁能源的开发和利用，减少温室气体的排放，推动低碳经济的发展。优化能源的结构，实现多种能源形式的互补利用，并且确保能源供应的安全及稳定。有效提高能源输送及其使用效率，增强电网运行的可靠性、安全性和灵活性。推动相关领域技术创新，促进装备制造和信息通信等领域的技术提升，增加就业岗位，促进社会经济的可持续发展。

互联网与传统电网结合，能够利用互联网发展传统电网，增强用户体验感，促进价值共享，打破行业发展边界，提高能源利用率，实现真正意义上的能源资源共享。2009年，国家电网公司正式启动智能电网建设，国家电网公司在电网智能化、信息化等方面已经走在前端。能源互联网必将成为电网发展的主要特征。

能源互联网可以通过分布式发电设备、储能设备、用电设备等环节部署各类能效监测终端、控制器、环境传感器、视频监控等采集控制单元，实现发电、用电、环境及安全数据的实时采集。在能源互联网的推动下，智能用电将得到普及，电力将实现智能化应用。未来的个人或工业将与电网形成良好的互动关系。客户与电网之间积极的互动能够提高用电能效，对电网的能效平衡也起到关键的作用。

未来的能源管理将以能源互联网为基础，以"保证区域能源可靠供应，实现区域能源协调互给"为目标，以电能为支撑，综合冷、热、电、热水等多种分布式能源，构建"源-网-荷"互动的区域型能源互联网络。它能够建立合理的能源分配网络，并且设计出有效的节能策略，降低用能开支，保障能源的持续可靠供应，保障终端用能的安全，从而实现区域中各种能源的协调控制和综合能效的有效管理。

随着智能用电的推广，客户能够通过手机实现能效分析、用电查询、电费缴纳、家电控制和与互联网互动等功能。如图6-4所示，智能电网的应用范围也越来越广，用途越来越大。

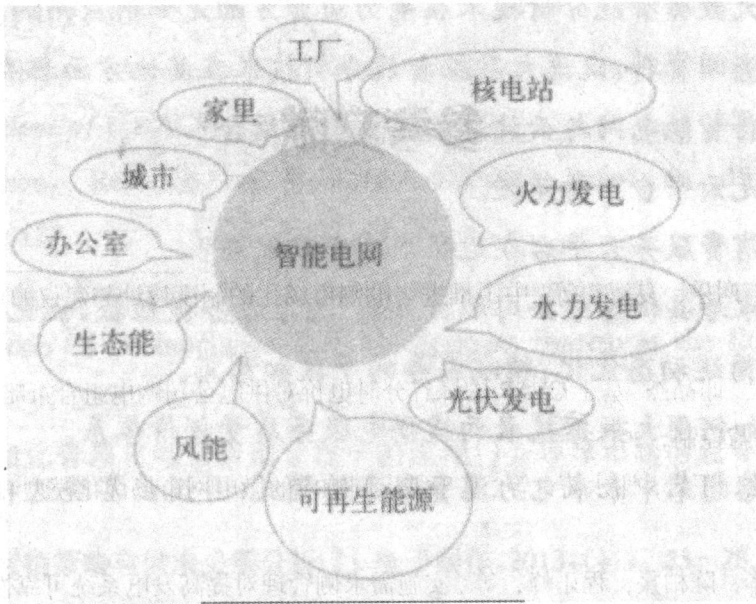

图 6-4　智能电网的用途

　　智能用电是以技术手段引导客户消费行为，为客户提供能效服务，使客户合理用能，提升能效管理水平。随着电力移动终端应用的增长，电力云技术应用将成为电网管理的技术关键。电力移动终端可直接面向电力营销服务、客户用能服务等方面。目前，很多电力装备已经实现了智能化改造，电网可视化和运行、运维网络化也将在不久之后得以实现。

　　"互联网+"电力营销会催生更多种类更新型的服务模式，电力服务模式在不远的将来终会产生显著的变化。移动互联网服务的方式将得到更加广泛的普及，客户与电网之间的双向互动将得以实现。随之而来的将会是电网发展理念的一场巨大变革。一方面，电能替代和绿色替代将成为能源发展的主力军，电能替代主要指"以电代煤，以电代油，电从远方来，来的是清洁电"；绿色替代就是指大幅度增长的水能、风能、太阳能等清洁能源以代替火电。另一方面，需求侧管理也将变得更加科学合理，分布式能源并网容量的增多也将会加大用电客户与电网之间的互动需求。智能用电、移动终端等的广泛使用同样将促进电网与用电客户之间的互动。这有利于供电侧做出更加合理的调度判断，使用电需求更加科学合理。

参考文献

[1] 白杨，谢乐，夏清，等.中国推进售电侧市场化的制度设计与建议 [J].电力系统自动化，2015.

[2] 朱文昊，谢品杰.基于 CVAR 的峰谷分时电价对供电公司购电组合策略影响分析 [J].电力系统保护与控制，2015.

[3] 董开松，丁岩，谢永涛，等.基于需求侧响应的微电网市场优化模型 [J].高压电器，2015.

[4] 蔡德华，陈柏熹，程乐峰，等.实施需求侧管理对提高发电系统可靠性的影响探究 [J].电力系统保护与控制，2015.

[5] 王澄，徐延才，魏庆来，等.智能小区商业模式及运营策略分析 [J].电力系统保护与控制，2015.

[6] 曹哲，刘波，袁智强.高密度分布式光伏发电系统接入配电网准入容量研究 [J].电网与清洁能源，2014.

[7] 孙近文，万云飞，郑培文，等.基于需求侧管理的电动汽车有序充放电策略 [J].电工技术学报，2014.

[8] 夏清，白杨，钟海旺，等.中国推广大用户直购电交易的制度设计与建议 [J].电力系统自动化，2013.

[9] 杨坚争.网络营销教程 [J].北京：中国人民大学出版社，2003.

[10] 余勇，林为民.移动互联网在电力系统的应用及基于等级保护的安全防护研究 [J].信息网络安全，2012.

[11] 徐震，刘韧，于爱民，等.智能电网中的移动应用安全技术 [J].电力系统自动化，2012.

[12] 张勇，魏玢.电网企业开展资产全寿命周期管理的思考 [J].电力技术经济，2008.

[13] 何剑，程林，孙元章.电力系统运行可靠性成本价值评估 [J].电力系统自动化，2009.

[14] 何伟.电子商务在电力物资管理工作中的运用 [J].电力信息化，2006.

[15] 蒋志平.电子商务在现代电力市场中的应用 _[J].南京工程学院学报（社会科学版），2006.

[16] 白杨，谢乐，夏清等.中国推进售电侧市场化的制度设计与建议 [J].电力系统自

动化，2015.

[17] 龚贺，池少宁，徐杰等 . 智能化管理在电力营销档案中的应用策略研究 [J]. 低碳世界，2016.

[18] 高峰 . 电力营销现代化建设现状与前景探究 [J]. 科技资讯，2016.

[19] 张虎元 . 新时期电力营销现代化建设现状与前景分析 [J]. 电工文献，2016.